# 创业八讲

朱恒源 余佳 著

Eight Lectures
on Entrepreneurship

## 图书在版编目（CIP）数据

创业八讲 / 朱恒源，余佳著 . —北京：机械工业出版社，2016.5（2023.9 重印）

ISBN 978-7-111-53665-9

I. 创… II. ① 朱… ② 余… III. 企业管理 – 中国 IV. F279.23

中国版本图书馆 CIP 数据核字（2016）第 090934 号

  本书结合中国经济、文化、社会环境因素，阐述了从如何发现商机到如何整合资源，再到如何管理企业的成长，作者用通俗易懂的语言手把手地教你创业。本书既有理论高度，也有具体工作的落地实施，不管你是企业高管还是在校学生，不管你是名校毕业还是草根出身，只要你有梦想适合创业，相信你都可以在本书中找到你所需要的内容。

  本书适合于普通高等院校创新创业基础、创业管理、创业学的本科生及 MBA 学生，也适合于对创业有兴趣，但对创业没有全面了解的普通读者。

出版发行：机械工业出版社（北京市西城区百万庄大街 22 号　邮政编码：100037）
责任编辑：程　琨　　　　　　　　　　　　责任校对：董纪丽
漫画作者：安　邦
印　　刷：北京虎彩文化传播有限公司
版　　次：2023 年 9 月第 1 版第 13 次印刷
开　　本：170mm×242mm　1/16
印　　张：14.75
书　　号：ISBN 978-7-111-53665-9
定　　价：35.00 元

客服电话：(010) 88361366　68326294

版权所有·侵权必究
封底无防伪标均为盗版

# 前言

在从事创业教育的 16 年中,我曾经数次萌生写一本有关创业的普及性读物的念头。其间起起落落,直到这本书呈现给读者,才算了结了一桩心愿。

最初产生这种想法是在我刚从美国学习回来的时候。1998 年清华大学首次举办创业计划大赛,第二年就成为了一项全国性赛事。后来被同学们称为"创业之母"的罗建北教授,当时在清华科技园创办国内第一个"孵化器",也是这项赛事的积极推动者。2000 年,罗老师听说我在国外学的就是创新与创业专业,就让我给当年参赛的同学做个培训,讲讲怎么写商业计划书。回想起来,就是创业 ABC,可我讲得很生涩——那个时候,Entrepreneurship 这个词在国内都不普及,连统一的翻译都没有,一切都是新的。在讲座过程中涉及许多英文术语找不到对应的中文,我只好连中文带英文磕磕巴巴地讲,讲完我自己紧张得一头汗。

不过,也许因为内容还比较新颖,同学们十分热情,纷纷问是不是能有相关的资料。我只好推荐当时国内难得一见的英文书籍和文献。同学们听完后脸上遗憾的表情,让我久久难忘。当时想,如果能有一本适合参赛同学们的关于创业的中文参考书就好了。

不久,我所供职的清华经管学院决定在 MBA 项目上开设一个新的专业方向,叫"创新与创业",并让我讲授其中的专业课"创业管理"。说起来,这门课我在美国完整地学过,只不过我在美国学习的课程,语言、分析框架、案例,都是用英语表达的"美国风",中国的学生是不是适应,我心里实在没有把握。于是,我在课程中除了引进当时比较新颖的理论体系和概念框架之外,还慢慢地引入中国的材料。21 世纪初,正好赶上国内第一波互联网创业浪潮兴起，媒体上对当时的"互联网英雄"（诸如王志东、张朝阳、丁磊等人）的创业活动都有报道，素材不少。记得我在课堂上最先用的是《财经》杂志对新浪的系列报道，深受学生欢迎。这段经历启发我，来自国外的理论，必须与中国的实践相结合，才能引起学生的共鸣，激发学生的讨论，达到好的教学效果。鉴于此，我开始着手开发中国的创业案例，来替代国外案例。几年下来，我的课就可以完全基于中国的案例展开，后来我们开发的关于中国创业的案例，还用在哈佛商学院、百森商学院等国外高校的课堂上。2015年暑假，我去沈阳参加第四届全国创业教育研讨会暨"如何教创业"高峰论坛，与来自全国高校的同行交流，大家的共识之一是，在中国开展创业教育，只有在通行的创业理论指导下，把应用的情境中国化，让学生既能接触到前沿理论，又知晓这些知识和技能在中国的具体应用，才能让创业教育在中国落地生根。看来，我当初误打误撞，这路子还走对了！

案例的材料有了，对写教材的想法反倒冷了下来。一个原因是越教越觉得写教材太难，因为需要对整个内容体系烂熟于心，而我自认为还没达到那个境界；另外一个原因是，随着中国创业活动的日渐活跃，越来越多的高校开展了创业教育，因应这一需要，许多出版社引进了国外的教材，一些国内学者也开始自己编写教材，仅我见过的创业教材就不下20种。我们这些教师，不用自己编写教学材料，用别人的现成成果教课，多么方便！于是我把编写一本教材的想法，暂且搁置一边。

再次重拾编写创业通俗读本的计划，得益于在"巾帼梦圆"计划中的经历。2008年高盛公司支持在全球开展的这一创业教育计划，旨在全球培训1万名女性创业者。这个计划要求的特点之一，是授课教师要结合本地创业实际，有针对性地设计课程内容和教学方法，并指导学生的创业实践。我有幸一开始就参与这个项目在中国的设计与实施，但这个项目给我提出的新挑战，却无异于开发一门新课，真可谓"老革命遇到了新问题"。我原来讲的是工商管理类学科专业下的专业课，学生进入课堂时，已经学过了基础课和专业基础课，具备有关商业和企业运营的知识基础，我上课只需要引导他们利用这些概念体系、分析框架来分析创业问题就行。而

"巾帼梦圆"计划是一个短期的培训项目,对学生的基础知识并不要求,参与这个计划的学生许多是草根创业者,有的甚至没有受过完整的大学教育,这就需要教学内容和方法能做到深入浅出、通俗易懂,让一般人愿意听、不费劲,有收获。备课时,我发现很难为这些普通创业者选到合适的教材——市场上那些为本科生和研究生编写的教材,很注重学术的严谨性,理论、公式和模型很多,过于繁复,一般创业者读起来体验并不好。于是,我花了很多工夫,把原来用于MBA项目的课程内容进一步简化、通俗化,形成了课堂笔记和补充材料发给学生。我的努力受到了学生的好评,一些学生甚至把相关内容整理为"朱教授语录",通过短信和博客传播,很多学生还鼓励我把它整理集结成书。我慢慢地重拾十多年的想法,想写一本普通读者爱看的创业书,一本类似于国外"口袋书"的创业普及读物。

现在呈现在你面前的,就是这样一个尝试的成果。我们的目的,是给那些对创业感兴趣的普通读者提供一本能够理解创业的入门书,全书的内容框架和知识体系与通行的创业理论接轨,但内容和案例既包括其他国家创业的实践,也包括对中国创业者尤其是普通创业者的实践的提炼和总结。这本书不仅要内容精练,还要通俗易懂,适应中国一般读者的阅读习惯,是一本创业的基础普及读物。

这本书出版的时候,正赶上中国改革开放之后的第四波创业浪潮。关于正在兴起的这波"大众创业、万众创新"的新浪潮,各界有许多讨论。在我看来,我们现在比以往任何时候都需要创新创业在全中国的普及:在新的全球化条件下,中国经济的发展和社会的进步,创新是关键词;在迅速变化的社会中,个人的职业发展和事业开拓,创业是常态。创业活动需要对趋势的判断、对资源的利用、对组织的把控,也需要个人自身的修炼和修为。这些不仅仅适用于创建新企业,在创建新企业的过程中也有最集中的体现。创业不仅仅是开个公司、运营个淘宝店或者开发个手机APP,创业意味着在变化和不确定的环境中,积极主动地承担责任,寻求与把握机会,克服困难,整合资源,创造性地解决问题。因此,与创业相关的知识、技能和方法,不仅可以运用在商业社会,而且对职业发展、事业进步甚至个人生活都有启发。因此,学习创业,不仅可以学习如何运营一家新企业，而且有助于培养创业者敢于突破现状的勇气、遇挫不回的韧性和合作共享的气度。从这个意义上看，创业是每个年轻人成长的必修课，不管他将来是不是从事商业方面的工作。

## 本书的内容

我们希望读者通过阅读这本书，能够了解与创业相关的基础知识和概念框架，认识创业过程，启迪创业精神。本书适合于对创业现象有兴趣，但对创业没有全面了解的普通读者。

全书共8章，每章围绕创业的一个方面内容展开。第1章讨论创业是什么，为什么当今社会非常需要创新创业；第2章讨论谁在创业、谁适合创业，第3～5章讨论如何创业，分别讨论了创业过程中的三个关键问题：识别机会、模式设计和资源整合；第6章讨论如何管理和运营一家新创企业，第7章讨论企业初步成功之后的成长壮大。第8章则讨论与创业相关的技能、方法和思维方式如何应用在商业、社会甚至个人生活的其他领域。

## 本书的特点

我们试图以平实和通俗的方式展开相关内容。每章由四个模块构成。第一个模块是开场案例，讲述知名企业或者组织创立初期，那些不被人熟知的故事。之后的第二个模块，我们会展开与创业相关的知识要点，并结合大家熟知的实例来阐释。第三个模块是"创业者说"，我们邀请中国的普通创业者现身说法，分享他们在创业过程中的体会与感悟。这些创业者背景各异，创业的领域也千差万别，但他们都是创业者，也都是普通人，是邻家大哥、隔壁小妹，他们经历创业的旅程，痛并快乐着。第四个模块是创业过程中的实际案例。这部分案例都是问题导向，描述的是创业者在相关领域所面临的真实困境和实际挑战。读者在阅读案例时，不妨把自己摆进去，假设自己就是案例的主角，尝试用本章前面的知识和分析框架，对案例进行分析和思考，尝试获得自己的解决方案。

感谢我的合著者余佳女士，她是一位创业者，愿意投入宝贵的时间和精力与我合写这本书，让我十分感动。我自己在学术界写多了"学术八股"，对于语言的运用不免生涩和啰唆，而这本书的性质要求语言朴实、通俗易懂，如果没有余佳对书稿的重新改写，呈现给读者的，将不忍卒读。90后创业者安邦先生专门创作的漫画，为全书增色不少。感谢超星集团的肖月女士，如果没有她的鼓励和催促，这本书的写作计划，可能还淹没在我繁忙的教学和科研工作之中，至今还停留在构想的阶段。感谢机械工业出版社的帮助和支持，本书编辑对本书的初稿、二稿逐一审读，提出了很多有价值的意见，这本书可以说是集体智慧的结晶。感谢当代中国的创业者，特别是这16年来选修我的创业课的学生，他们不断地追问，激励我在这个领域一直坚守，不敢须臾懈怠；他们的创业实践，为这本书提供了鲜活的案例；与他们的讨论和交流，促进我们思考，给我们启迪，也是我们完成这本书写作的最大动力。

书中存在的错漏之处，请读者不吝指正。

朱恒源

2015年11月初稿于清华园

2016年2月修改于日内瓦

# 目录

前　　言

## 第1章　创新创业新浪潮 ·········································· 1
　　核心要领 ································································· 1
　　他山之石　福特与T型车 ········································· 2
　　创业不是开公司 ······················································ 7
　　创业是一次独特的旅程 ············································ 9
　　创业撒手锏：创新 ················································· 10
　　那些年，摸着石头过河的创业史 ······························ 11
　　创业新浪潮来了 ···················································· 15
　　80后、90后，准备接棒 ········································· 17
　　要点回顾 ······························································ 18
　　延伸阅读 ······························································ 18
　　创业者说 ······························································ 19
　　学以致用　杨承路：职业发展道路的选择 ················· 20

## 第2章　创业者与创业团队 ······································ 27
　　核心要领 ······························································ 27
　　他山之石　硅谷贝宝"黑帮" ···································· 28
　　创业者的心理素质 ················································· 33
　　创业者的傍身技能 ················································· 34
　　创业者的社会资源 ················································· 35
　　创业梦之队 ·························································· 37

如何招兵买马 39
　　新创公司的秘密武器：股票 42
　　优秀团队炼成术 44
　　向创业型组织进军 47
　　要点回顾 49
　　延伸阅读 49
　　创业者说 49
　　学以致用　迪赞幼儿园：构建合伙关系 50

## 第3章　创业机会识别与评估 57
　　核心要领 57
　　他山之石　微软帝国的开启 58
　　何为创业机会 64
　　社会变迁创造机会 66
　　未被开垦的处女地 68
　　缘何你看不见创业机会 70
　　创意收集方法 71
　　给机会前景打个分 72
　　要点回顾 75
　　延伸阅读 76
　　创业者说 76
　　学以致用　闻洁和《工商管理经典译丛》 77

## 第4章　商业模式设计 85
　　核心要领 85
　　他山之石　伟大的"印钞机"：施乐914 86
　　商业本质 91
　　一句话说清商业模式 92
　　以客户为中心的商业模式 94

以上下游资源为中心的商业模式 ································ 96
　　平台型商业模式 ······························································ 97
　　合理性检验 ····································································· 99
　　设计合适的商业模式 ···················································· 100
　　要点回顾 ······································································ 102
　　延伸阅读 ······································································ 102
　　创业者说 ······································································ 103
　　学以致用　月辰公司的商业模式之战 ·························· 104

第 5 章　资源吸引与整合
　　核心要领 ······································································ 113
　　他山之石　迪士尼王国 ················································ 114
　　让自己成为磁石 ··························································· 119
　　变废为宝 ······································································ 120
　　三步搞定资源拥有者 ···················································· 123
　　各方财神爷 ·································································· 125
　　融资地图 ······································································ 126
　　企业值多少钱 ······························································· 127
　　一口气吃不成大胖子 ···················································· 129
　　要点回顾 ······································································ 131
　　延伸阅读 ······································································ 131
　　创业者说 ······································································ 132
　　学以致用　王治全与世纪电器网 ·································· 133

第 6 章　管理新创企业
　　核心要领 ······································································ 139
　　他山之石　芭比娃娃的诞生 ········································· 140
　　管好三件事 ·································································· 144
　　找背影 ········································································· 145

营销组合拳 ·················································· 146
　　直面业务挑战 ················································ 149
　　盯住财务状况 ················································ 151
　　现金流别断 ·················································· 151
　　组织别散架 ·················································· 153
　　要点回顾 ···················································· 155
　　延伸阅读 ···················································· 155
　　创业者说 ···················································· 156
　　学以致用　2020s 服饰的艰难摸索 ······························ 157

## 第 7 章　管理企业成长 ············································ 165
　　核心要领 ···················································· 165
　　他山之石　三星王国的早期岁月 ································ 166
　　成长的烦恼 ·················································· 170
　　寻找成长基因 ················································ 172
　　企业生命周期 ················································ 173
　　管理体系金字塔 ·············································· 175
　　磨刀不误砍柴工 ·············································· 177
　　风险警示器 ·················································· 179
　　创始人再定位 ················································ 180
　　收获企业成长 ················································ 181
　　要点回顾 ···················································· 183
　　延伸阅读 ···················································· 183
　　创业者说 ···················································· 183
　　学以致用　成长的烦恼：水平有限螺蛳粉 ························ 184

## 第 8 章　创业无疆界 ·············································· 193
　　核心要领 ···················································· 193
　　他山之石　冰桶挑战与 ALS 协会 ······························· 194

拷问创业精神 ································ 198
大公司内部发新芽 ···························· 200
温室里生长的挑战 ···························· 201
从酝酿到开花 ································ 203
公益，像商业一样思考 ························ 205
公益创业的独特挑战 ·························· 206
创业精神助力职业生涯发展 ···················· 207
要点回顾 ···································· 209
延伸阅读 ···································· 209
创业者说 ···································· 210
学以致用　自如的困境 ························ 211

**参考文献** ······································ 220

第1章

# 创新创业新浪潮

【核心要领】
- 了解中国创业活动的起源与发展。
- 理解每一波创业浪潮下的创业活动与创业者特点。
- 了解新生代创业者的特质。
- 分辨发明、创新与创业的区别和联系。

## 他山之石

1900年,全美只有2 000辆私人汽车,和我们现在私人飞机的普及程度差不多。

亨利·福特十几年间凭借T型车覆盖了60%的家庭车市场份额。

他的研发以字母A开始,整整开发迭代到T型车,最终取得了辉煌的成就。

## 福特与T型车

流水线模式使每日人均产量由4辆一跃达到人均20辆左右。

价格也降到了当时普通家庭的收入水平。

工时减至8小时,日薪涨至5美元的"提升成本"政策被福特自豪地称为"最好的成本节省运动"。

福特创造了包括车轮、钢铁、橡胶、4S店、经销商体系等围绕福特汽车的完整产业链。

如今汽车已成为多数城市家庭的日常必备品。有些人口集中的大城市甚至纷纷通过摇号政策来应对"汽车社会"所带来的拥堵和环境污染。汽车已经成为都市人主要的出行交通工具之一。但在20世纪初，汽车就像现在的飞机一样稀缺奢侈，人们根本无法想象有一天汽车会成为普通家庭的日常消费品。汽车得以进入平民百姓家归功于福特公司的创始人亨利·福特（Henry Ford）。

时光回溯至1900年，在福特还没进入汽车行业之前，全美一共仅有2 000辆私人汽车，跟现在的私人飞机普及程度相差无几。福特和他的T型车改变了汽车历史，T型车从1908年正式推出至1926年停产，共销售了1 500万辆。当时全美有2 300万个家庭，也就是说，福特在短短十几年里就凭借一款车覆盖了全美60%的家庭，汽车成了普通工人家庭都能买得起的日常生活用品。他是怎样将社会顶级富豪阶层才能享用的豪奢品推向普罗大众的呢？

和大多数含着金匙成长的富家子弟不一样，福特出生在底特律附近的一处小农场，从小喜欢捣鼓机械。成年后他曾接连两次在汽车领域创业，均以失败告终。但他没有气馁，跌倒后再次出发。第三次创业也并非一帆风顺：他花了两年时间辛苦经营，可汽车的产量只有区区1 700辆，他并没有找到能惊艳市场的爆款产品。他苦苦思索、不断开发，从字母表的"A"开始排序，一直开发迭代到"T"，终于成就了大卖特卖的辉煌。

1909年，T型车一下卖了1万辆（见图1-1）。突如其来的热售给福特带来惊喜的同时也伴随着苦恼，汽车的供不应求导致他不能如约交货。福特被现实逼迫着寻求解决之道。他将当时运用于陶瓷生产工艺的流水线生产模式大胆地引入汽车领域，并进行了相应改进。这一生产线的引入使得福特汽车的生产效率大大提高，每天工人由人均产出4辆一跃达到人均20辆左右，产能翻了几番。当生产技术的变革突破了产能的桎梏，第二个问题接踵而来：买得起汽车这个奢侈品的上流阶层家庭数量太少，除非让汽车走下神坛，步入平民百姓家，否则产能的快速提高并没有足够大的市场去容纳消化，会造成产能的极大浪费。于是福特又在营销政策上大胆创新：降价！从825美元/辆的价格拦腰砍至575美元/辆，这个价格相当于当时美国家庭的年收入水平，而后他进一步将价格降到290美元/辆。这样的价格引发了销售量的爆发式增长，实现了薄利多销。公司的利润从1909年的300万美元上升至1914年的2 500万美元。

图1-1　福特T型车

即使业绩翻了8倍，福特也并不满足于此。企业家的野心会随着业绩的增长继续膨胀。福特这次不再延续降价的策略，而是标新立异地推出了令人咋舌的"提升成本"政策——员工每天9小时工作制缩短至8小时，同时日薪从2.38美元上升至5美元。这一革命性的劳资政策推出后，受福特公司工人时薪上涨的影响，它的上下游企业产生连锁反应，为了应对人员流动的压力，不得已也跟着上涨工资。这样一来，整条产业链甚至整个汽车行业的员工收入都有了大幅上升，因而极大地扩大了汽车的消费群体。福特曾自豪地宣称："工资上涨到5美元一天，是我最好的成本节省运动。"

现在回头分析这位卓越的企业家所做的创新之举，令人不得不佩服他的魄力和远见。一般的成功企业家在创业过程中往往能做到一项创新，而福特的创新至少体现在以下四大方面。

- 产品的创新。福特不断地研发新产品，不断改进和提升，直到T型车才是真正被消费者认可的好产品。他对产品的极致追求和不断创造才有了商业意义上的卖座好产品！
- 技术的创新。流水线生产在工业时代早已存在，但福特将它首次引入汽车生产。这种技术创新大大提高了产能，才有可能实现薄利多销，最终将汽车引入普通百姓家庭。
- 营销的创新。福特成功地将汽车的奢侈品属性变为消费品属性。他通过降价产生的营销创新将市场规模扩大了，让技术创新获得的产能红利通过薄利多销的形式变现了。
- 社会结构的创新。福特通过提升工人工资带动了整个产业链工资水平的提高，培养了更多的潜在客户，以至于改变了整个社会的消费结构。从长远看，表面上的成本上涨运动最终带来了企业利润的提升。

像福特这样一个成功的创业活动带给社会的影响是广泛而深刻的。首先，福特公司带动上下游厂商、销售商为社会创造了大量的就业机会。其次，福特的创业活动创造了新的产业和企业。一条包括车轮、钢铁、橡胶、4S店、经销商体系等在内的，围绕汽车的完整产业链逐步形成。而后随着生产分工的进一步细化，越来越多的企业产生。高速路、石油工业等相关配套产业也开始蓬勃发展。此外，这一创业活动促进了美国城市的工业化进程，汽车城底特律的建立和发展就是典型的例子，并且汽车产业的发展还推动了整个社会经济的发展。最高峰时，全美所有就业人口中有1/6都跟汽车产业相关。最后，福特的创业改变了整个社会的生产生活方式。在没有汽车之前，人们生活的半径十分局限，汽车使人们的交往面更广，活动区域更大，人们生产生活的形态发生了重大改变。美国20世纪60年代开始的所谓郊区化进程，即富人们向城市郊外搬迁，如果没有汽车的普及是完全不可能实现的。

一项成功的创业活动对社会的影响至关重要，同时它对创业者个人的影响也非常巨大。福特在前两次的创业中因为破产生活困顿，而福特T型车的成功带给他的首先是财务自由。其次这项事业带给了创业者成就感和荣耀感，这是金钱无法衡量的精神财富。物质和精神上的双份回报是对创业者成功的嘉奖！亨利·福特以其在汽车生产史上的卓越贡献，当之无愧地成了20世纪最伟大的企业家之一。他获此殊荣不仅因为他赢得了后人难以望其项背的市场份额，更重要的是因为他在汽车工业领域的创新性手段和产生的巨大社会影响。

从福特的案例中可以明显看到一系列创新举措贯穿创业活动始终。它不仅是指创业初期需要有创新的想法，比如想要生产人人买得起的汽车，同时也指在一个想法的落地过程中，运用创新手段去解决各种困难和问题。创业活动就是突破现有的条件制约去创造新事物并使它实际运营、让人接受的过程。

近年来，全球性的创业热潮蓬勃兴起，每天大量创业报道、投资新闻见诸报端。自 2014 年国家领导人在多个重要场合强调创业的重要性后，大大小小的公司如雨后春笋般冒出。大街小巷的咖啡馆里到处充斥着"商业模式""VC""天使投资"的各种论调。创业者的各种跌宕起伏的创业经历更是在网络上被大肆热炒。每当人们提及创业，总是不由自主地和"开公司"画上等号，创业真的只是开一家公司吗？

## 创业不是开公司

狭义的理解，创业确实是创建新企业，创业者成为企业老板或是个体工商户；更广义上的理解，创业是创建新事业，绝不仅仅是开公司。创建的对象也不一定是有形的企业组织。任何一个在不确定环境中创造新产品和新服务的过程都可以被视为创业。按照哈佛大学斯蒂文森教授的定义，创业是在资源条件的高度约束下，追逐机会、整合资源并创造价值的过程。

创业一词源于英文"Entrepreneurship"。其词义有两方面的含义：一方面是指创业活动或者创业过程，这个过程中包括机会识别、资源整合、团队组建、创造价值等；另一方面是指创业精神，是创业者在创业过程中展现出来的敢为天下先的志向抱负、坚韧不拔、吃苦耐劳等精神品质。

如果把创业活动按照创业者的动机划分，基本归为两大类：生存型创业和机会型创业。对一部分在就业市场无法获得理想报酬的人，或者自身生存难题受到挑战的人，不得不通过创业来获取生活来源。常见的夫妻店就是典型的这种类型。此外，还有一部分群体是源于对某种机会的捕捉，希望能实现某种价值的愿望，而选择创业,比如乔布斯创立苹果公司,李彦宏创立百度都是机会驱动成就的。如果要更大地发挥创业带来的价值创造效果,应积极鼓励机会型创业。

"大众创业、万众创新"之所以在今天能被提升到战略的高度,跟我们面临的外部环境和历史发展阶段密切相关。国际经济合作与发展组织对其成员经济发展的历史研究表明:当一个国家投入创新的资源(如研发经费)占GDP的比重达到1%~2%时,社会创新创业活动会特别活跃。这个阶段被称为科技起飞阶段。到达这个阶段后,创新创业活动会在社会中普遍扩散,创业活动会带动众多普通人参与其中,创业企业规模将迅速扩张。从20世纪50年代开始,美国、中国、欧盟、日本、韩国等先后经历过科技起飞阶段(见图1-2)。2013年,我国科技经费投入强度首次突破2%<sup>⊖</sup>,宣告着已经越过科技起飞的起点了。

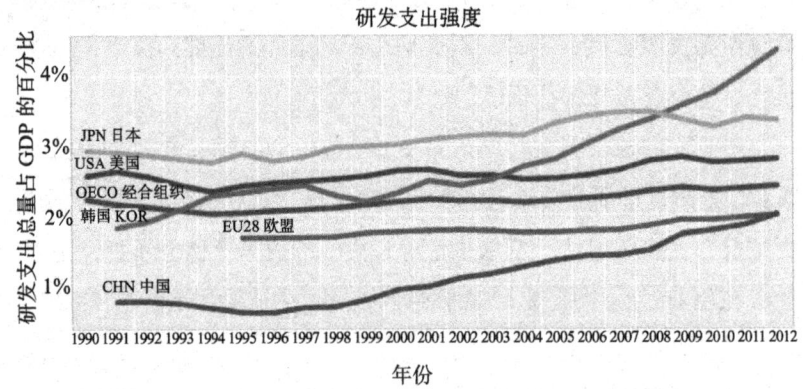

图1-2 1990~2012年主要经济体研发支出强度

技术研发的活跃使我们拥有了庞大的研发工程师队伍,创业活动的技术基础越来越坚实。此外,我国以论文计数的科研成果全球排名第二,专利发明全球排名第二,仅次于美国。全球创新指数

---

⊖ 引用自国家统计局、科技部、财政部联合发布的《2013年全国科技经费投入统计公报》。

（Global Innovation Index）从2007年开始追踪全球各国的创新活动活跃程度，中国2014年排名第35名，最顶峰时期排名达第29名。报告预测全球创新新热点正在中国兴起。

中国不仅创新活动活跃，创业活动也日渐频繁。全球创业观察项目（GEM）发布的报告显示，2014年18～64岁劳动力中参与创业的比例达到15.5%，超过亚洲平均值13.0%[一]。与其他国家创业活动相比，中国创业活动有"三高"的特征：活跃度高；增长预期高；受本土机会驱动程度高。中国俨然已成为全球创新和创业的新热土。

### 创业是一次独特的旅程

一个人一旦决定踏上创业的旅程，前前后后大致要经过几大考验。

**机会识别**。机会识别既包括发现机会，又包括评估机会。几乎每个人在日常生活中都会有灵光乍现的创业想法："这真是一门好生意！"但最后真正能被创业者开展起来的创业活动少之又少。空想很容易，但对每个发现的机会进行相关信息的收集，综合评估行业和市场情况，客观评价自身能力和资源拥有情况，判断机会的价值并非易事。这是迈上创业旅途第一道至关重要的坎。

**团队组建**。人、财、物是任何一项创业活动必须具备的生产要素。再好的商业机会，如果无法凝聚一批志同道合的人，打造一支骁勇善战的团队，都如纸上谈兵。在如今的创业环境下，一个人在创业的旅程中单打独斗几乎不可能成功，拥有一个相对稳定和核心的团队是机会开发前的必要前提。

**资源整合**。创业者开发机会的重要手段之一就是资源整合。创业者几乎是白手起家，资源匮乏在创业旅程前期特别凸显。对于创

---

㊀ 引用自 GEM 2014 Global Report。

业者就是要千方百计地设计合理的商业模式，吸引别人手中掌控的资源，把一些"边角料"资源整合起来，实现自己的创业目标。

**新企业生存和发展**。大多数时候创建一个企业是作为发展新事业的载体。新企业天生抵抗风险的能力就弱，它的关键目标是在前两年存活下来并寻找到进一步发展的路径。在这个过程中，不仅要保证业务做起来，还要打造组织的雏形，同时保证现金流不枯竭。进入发展阶段，创业者又要考虑如何在衰退期到来前获得新生，开出新的业务之花。

**获取回报**。追求回报是踏上创业旅程的终极目的之一。当然回报不仅仅指财富上的回馈，还有情感、声誉等精神上的收获。获取回报的途径和手段也不尽相同，但无论如何它是对一段创业旅程的无声评价。

### 创业撒手锏：创新

谈到创新，人们总喜欢和发明创造画上等号。发明是解决技术领域中的特有问题，它的成果不一定会被商业化。而创新更多地指向经济学范畴，创新强调的是让一个创造性的想法产生新的经济和社会价值的过程。创新可能源于发明创造，也有可能源于资源的重配：把资源从产出效率低的地方配置到产出效率高的地方等。

创新和创业则像一对孪生兄弟，形影相随。创新不只是产生一个新主意，新主意不会自己生根发芽，它需要创业者花很多精力，对创新过程进行细致有效的管理，才能产生经济和社会价值。创新的管理涉及四个方面：识别创新的机会，获取创新所需要的资源，创立一个新的组织，创造出新的价值。这四个方面的循环过程就是创业的过程。不难发现，这四个方面都需要"新"，创业的核心使命就是创新。

正如管理大师德鲁克所说：创新是创业企业家的独门利器。创新精神贯穿创业活动始终。只有创新能形成差异化，而差异化是获得竞争优势的法宝，是长远发展的立足之本，是形成竞争壁垒的有效手段。

从学术上看，创新和创业这两个研究领域相互渗透、相互交叉。出生于奥地利的经济学家约瑟夫·熊彼特（Joseph Alois Schumpeter）最早观察到创新对创业格局的改变过程。他认为，人类社会通过破坏原有体系和机制来推动社会发展与进步。具体来说，既有行业在常规运行中，总有人会从完全不同的角度来开发新产品或新业务。一旦新产品或新服务蓬勃发展，就会侵蚀既有行业内领先者的地位。创新者的产品或新服务在获得市场的认可后产生垄断利润。高额利润驱使着市场中的后来者进行模仿，创新的产品和服务因而得以在社会中扩散，旧产品或旧服务的市场逐渐萎缩，新旧势力形成交替，行业的格局被颠覆和改变。旧行业里的领先者不断地被开发新产品或新服务的创新者所取代，正所谓"江山代有才人出，各领风骚数百年"。这就是通过创新来推动社会产业格局变革的过程。

## 那些年，摸着石头过河的创业史

我国的创业活动受中国社会形态和制度的限制起步较晚，伴随着改革开放的整个进程，创业活动从无到有经历了四波颇具时代特色的浪潮。

**第一波浪潮（1984～1992年）**。1984年被视为我国创业元年，它的里程碑事件是十二届三中全会通过了《关于经济体制改革的决定》。这是1978年改革开放以来第一份以经济体制改革为主题的文件，它确定了中国由计划经济体制向市场经济体制的转型。在计划经济体制下，政府管企业的人、财、物，以及产、供、销，也管居民的生老病死。举一例子，如果消费者想要买米，可不是带着钱就能随心所欲采购的，除了钱还得有粮票！有了粮票，消费者才可以在给定的日子去粮店核票买米。企业的生产计划也不是根据市场行情自由安排，生产计划统一由政府下达，原料由政府调拨，销售由政府指定，一切交易都按政府规划好的执行。到了20世纪80年代，这种计划经济越来越不适应社会的发展和广大人民群众日益增长的物质文化需求了。社会上出现了严重的物资短缺，商品供不应求。为解决这一问题，1984年国家开始着手市场经济体制改革，就在这一年，柳传志创办了联想（见图1-3），张瑞敏成了厂长，王石开始了创业。这批中国最早的企业家如今依然活跃在商界。正是他们的创业活动推动了整个市场经济体制的建立，我们每个人至今仍从中受益。

图1-3　联想的诞生地

在原先的计划经济条件下，企业只是政府指令下的一个生产单元。柳传志他们那时是要在计划经济的树枝上去发展市场经济的新芽。在制度的变革中自然会遭遇很多我们无法想象的困难。他们的策略只能是摸着石头过河，遇山修路、遇水架桥。比如，那时生产电脑需要国家许可证，柳传志连在中国内地生产电脑的资格都没有，不得已只好跑到中国香港创办联想，利用外资企业身份绕过政策障碍。当时，江浙一带的企业家也遭遇了类似的困难。他们创办的乡镇企业没有技术储备，业务无法开展。而邻近的大都市上海倒是有技术人才，可人家技术人才都有单位，不可能放弃铁饭碗加盟他们的私营企业。他们就创造了"星期天工程师"：请技术专家星期天到企业上一天班，为工厂提供技术指导。这样技术专家既能在工作之余获得报酬，企业也解决了技术难题。就是这些创造性解决问题的方法不断地推动了中国改革开放的进程。

那一代企业家在计划经济背景下开展的创业活动提高了中国各个行业的产能，解决了当时的物资短缺问题。那批创业先锋也探索出了最早的市场经济条件下企业运行的基本框架。他们通过自己诚实守信的运营和企业的成功，在整个社会中树立了创业的正面形象，改善了人们对企业和企业家的认识，为后继的创业者创造了良好的经商氛围。第一波的创业者是极具胆识的英雄，他们的创业行为打开了中国创业的新时代篇章。

**第二波浪潮（1992～1996年）**。1992年，80多岁高龄的邓小平同志视察了南方的武昌、深圳等地，他呼吁要加快改革开放的步伐。在这样的背景下，当年党的十四大通过了关于建设社会主义市场经济体制改革的决定，首次提出我们改革的总体目标是建立社会主义市场经济体制。当年春天，中国国家经济体制改革委员会出台了两个重要文件：《有限责任公司规范意见》和《股份有限公司规范意见》。政府第一次允许个人通过投资入股的方式创办企业成为股东，此外还推动了股票市场的发展，甚至当年深圳还发生过百万人哄抢股票的"8·10风波"⊖，可见股票市场发展带来的社会震动。当时还有一个变化是政府允许个人通过身份挂靠，离开原来的国有企业，进入民营企业，这大大促进了人才的流动。

1992年南方谈话的感召令一些体制内胆子大的人纷纷下海经商。中国人力资源和社会保障部曾做过统计，当年辞职下海者超过12万人，通过停薪留职、兼职的形式投身商海的人超过1 000万人。现在依然活跃在商界的波导的徐立华、慧聪的郭凡生、新东方的俞敏洪、复星的郭广昌、立帆的尹明善等都是92潮的典型企业家代表。

该轮创业浪潮涉及的领域不再局限于制造业，还包括了信息咨询、金融、贸易等。由于这些创业者都受过良好的教育，他们在办企业的过程中从一开始就尝试建立现代企业制度，为后续的发展打下了良好的基础。同时，股份制的推行和股票市场的发展带动了整个资本市场的建立。人事制度在这一时期也有所松动。92潮后国家建立了户口档案的托管制度，使停薪留职或者辞职经商变得更加可行。

由于这一波下海的人基本都在物质上获取了丰厚的回报，社会上开始理解和认可创业者，甚至人们提及"万元户"时会有羡慕的心情。创业活动在社会中变得更加常见。

**第三波浪潮（1996～2008年）。**在第三波创业浪潮来临之前，创办企业的门槛还是比较高。初期资金投入对于许多人而言依然是一个不可逾越的障碍。1996年之后，中国出现了两股重要的力量驱动创业，使得创业门槛大大降低。第一个是信息技术的全球发展。它催生了一大批高科技的互联网公司，这些公司在美国上市后形成了一股互联网创业的浪潮。第二个是大批留美学生回到中国，使中国有了一批渴望把美国市场的成功业务移植到国内的人，如亚信的

---

⊖ 1992年8月10日，深圳"1992股票认购证"第四次摇号。每人凭身份证可购表1张，不到半天的时间，500万张抽签表全部售完。这天傍晚，数千名没有买到抽签表的股民在深南中路打出要求公正的标语。

丁健、搜狐的张朝阳、百度的李彦宏。这批海归回国创业还引入了风险投资方式。

同时期，中国本土培养的大学生也开始创业了。新浪的王志东、网易的丁磊、腾讯的马化腾都是本土成长起来的技术人才。无论是门户网站还是腾讯QQ，都是把在国际市场上流行的产品以中国用户接受的方式移植到中国，依托中国庞大的人口基数成就了一番事业。

这一波浪潮带入了一些新的东西。首先，境外风险投资大量进入中国，使得创业企业的资金来源更加多样化。其次，创业企业上市通道不仅包括沪深股市，甚至能到境外交易所上市。再次，国外创业企业的先进管理方式进入国内，带来了宝贵的经验。此外，随着企业上市，创业者的社会地位和影响力发生了非常大的改变。社会上出现了对创业者尊重、敬佩甚至是敬仰的思潮。创业教育也开始逐步在高校萌芽。

## 创业新浪潮来了

**第四波浪潮（2008年至今）**。真正将年轻人全面带动起来的创业浪潮起始于2008年移动互联时代的到来。这波浪潮让全民创业成为可能，特别是2014年起创业活动开始蓬勃发展。这种友好型创业社会的出现得益于几大方面的改善。

首先，在外部政策和环境方面，政府把通过创业推动经济发展上升到了国家战略的高度，各级政府部门相继出台一系列鼓励创业的政策。比如：工商登记制度的改变，理论上1元钱就能开办公司，让"白手起家"变得现实；税收、金融、担保等各项政策都有相应的改变；各地开办创业孵化器，为新创企业提供较低的场租、法律登记服务、培训指导等。无论是中央政府还是地方政府，对于创业的支持力度前所未有的大，政策也前所未有的好。

其次，中国当前所处的社会和经济结构发展阶段触发了大量的创业机会，吸引着越来越多的人关注创业、实践创业。比如，中国未来 5～10 年内会有大量家庭成为中产阶级㊀。随着中产阶级的崛起，整个社会的消费支出和消费意愿随之提高。同时中产阶级对精神文化产品的关注将更多。作为近 14 亿人口的大国，中国本来就有极为可观的消费者基数，消费升级后大量的产品和服务都孕育着商机。

再次，现今的资本市场拥有更成熟完整的投资链，多样化的投资主体都在搜寻好的投资项目。除了风险投资以外，还出现了大量天使投资、新三板、创业板等，规模做大后还可以通过并购、债务融资等方式融资，创业企业发展的每个阶段都有相应的资金提供者。

此外，创业门槛的降低还表现在技术方面。过去 30 年来，中国工业体系的建设日趋完善，形成了强大的制造能力。创业者研发一个新产品后，根本不需要自己建立庞大的生产体系，所有的生产都可以外包。此外，随着移动互联网技术的进步，市场上出现了很多基于移动互联网的平台。有了这些平台，现在每个人都可以通过做一个 APP 的形式来创立新企业，做一个产品让千家万户所接受。

最后，整个创业服务体系日趋完善。除了前面提及的政府提供的服务和投资者提供的融资体系外，社会上还有大量为创业者提供法律、金融、审计服务的机构，形成了一整套服务链。

简而言之，第一波浪潮之后中国建立了一套工业生产制造体系，它解决了市场物资短缺的问题，我们可以叫它"制造中国"；第二波浪潮之后中国建立了基于股份制条件下的公司架构，有了一

---

㊀ 2014 年麦肯锡发布《下一个十年的中国中产阶级》预测：到 2022 年，76% 的中国城市家庭将达到中产阶级的收入水平，而这一比例在 2000 年仅为 4%。快速崛起的中产阶级将为中国经济增长注入持续动力。

大批下海办公司的人，形成了"公司中国"；第三波浪潮之后将互联网技术、人才、风险投资等引入了中国，形成了"互联网中国"；第四波则是将新型技术通过创业渗透到人们生产、生活的各个方面，形成了"创业中国"。创业环境前所未有的好，创业门槛前所未有的低，创业机会前所未有的丰富，创业者前所未有的有活力。由此我们可以说中国现在是最好的创新创业新时代。

## 80后、90后，准备接棒

近年来，随着80后、90后逐步进入社会，创业大军中涌现出许多年轻的面孔。相较于前几拨创业者，新一代年轻创业者存在着明显差异。

**第一个不同**：这一代创业者成长于相对富裕的生活环境，生活条件较好，无须为生存忧虑。他们的创业动机更多地来自机会驱动而不是生存型创业。他们向往自由，厌恶循规蹈矩；追求成就感，厌恶舒适平庸；他们是有梦想的一代，愿意为理想吃苦受累。他们的创业动机是内因驱动型的。

**第二个不同**：他们成长于中国经济和社会高速发展的时代，接受了良好的教育。由于移动互联网的迅速普及，接收信息的渠道多元化，他们的视野非常宽阔，因此创意丰富而独特。在创业的过程中，学习、迭代能力都非常强，更容易把创业变为一种生活方式。

**第三个不同**：这一波创业者赶上了中国消费升级的好时机，创业的领域变得非常广泛。几乎每个学生都可以在自己大学的专业领域中找到创业机会。北京大学法律系毕业的刘茪热爱话剧和电影。她意识到，随着中国文化娱乐市场的发展，中国的知识产权纠纷越来越多。于是她创立了一个专门为娱乐行业的企业提供法律服务的公司，还取了个有趣的名字叫"娱乐法"。这是典型的把专业和兴趣相结合的创业思路。

随着 80 后、90 后慢慢成长为社会的中流砥柱,波涛涌动的创业浪潮正逐渐向年轻一代蔓延。80 后、90 后将成为未来创业的生力军!

**要点回顾**

- 中国的创业活动非常活跃,创业受本土机会驱动。从全球范围看,中国已成为全球创新创业的新热土。
- 第一波创业浪潮解决了当时的物资短缺问题;第二波创业浪潮涉及的领域更宽泛,创业家在创办企业的过程中开始学习建立现代企业制度;第三波创业浪潮创业门槛降低,高科技、互联网企业在这一波浪潮中得到极大发展。
- 新一波创业浪潮的创业服务体系空前完善,融资链条成熟,创业者呈年轻化特点。
- 创业既指创业活动或者创业过程,这个过程包括机会识别、资源整合、团队组建、创造价值等,也指创业精神,创业者在创立企业的过程中所展现出来的敢为天下先的志向和抱负、坚韧不拔、吃苦耐劳等精神品质和风格。
- 创新管理涉及四个方面:识别创新的机会,获取创新所需要的资源,创立一个新的组织,创造出新的价值。这四个方面的循环过程就是创业的过程。

**延伸阅读**

1.《新企业的起源与演进》,[美]阿玛尔·毕海德 著

该书将严谨的理论分析与现实案例的研究数据相结合,分析了新企业的性质和演进过程,提供了对企业家精神的分析框架。

2.《激荡三十年》(上、下),吴晓波 著

该书上下册记录了 1978 ~ 2008 年 30 年间中国企业的发展与变革。该书描绘了改革开放初期汹涌的商品大潮,以及国有企业、民营企业、外资企业三种力量此消彼长、互相博弈的曲折发

展。读者能从中对我国企业的发展史有大致的了解和认识。

**创业者说**

季琦,携程创始人、如家酒店创始人、汉庭酒店创始人。

季琦毕业于上海交通大学工程力学系。1999年"携程四君子"(季琦、梁建章、沈南鹏、范敏)共同创建了向大众提供旅游服务的电子商务网站OTA(Online Travel Agency)——携程旅行网。随后季琦进军酒店业,创造了如家、汉庭等酒店品牌。在创业路上,他总共创造了三家市值过10亿美元的上市企业。

"古人说:'穷则独善其身,达则兼济天下。'作为企业家,最大的责任乃是将企业做好。如果把一个企业比喻成一辆车,企业家就是这辆车的发动机,和许多零部件一起配合、努力,才能完成安全、准时运载人和货物的责任。只是汽车的发动机在后台,是幕后英雄。而企业家不得不在前台,充当了标志。"

"越是危机,越蕴藏商机。别人恐慌的时候自己要冷静,抓紧招人、做事!一般每四年一次危机,携程遭遇互联网泡沫,如家经历非典,都在危机中获得发展机遇。"

"比想法更重要的,是执行力;比行动更重要的,是目标;比坚持更重要的,是反省力;比勇气更重要的,是信仰。别管别人怎么评论,从理想起步。每个人都能创造自己的世界!"

"不怨天,不怨地,关键在于我们自己。我们有时候总是抱怨自己的命运不好,出身不好,时代不好,或者公司不好,行业不好,领导不好,实际上你生活中的每一件事情都说不准是未来某件事的因缘。当我们看上去碰到挫折的时候,可能是下一个崛起的力量出现之时。"

要看朱教授有关季琦的精彩创业故事，请扫描下方二维码。

**学以致用**

## 杨承路：职业发展道路的选择[一]

1996年12月的一个下午，清华大学1997年学生毕业分配政策通报会在清华大学经济管理学院报告厅举行。1994级研究生杨承路在后排一个不显眼的位置坐下，小心地关闭了自己的手机，仔细听台上老师宣讲毕业分配的有关政策——户口、关系、人事档案、留京指标等，生怕漏掉了一个细节。他需要在近期决定自己毕业以后的去向：是去一个政府机关、一个大企业，还是与朋友一起开创属于他们自己的事业。

**杨承路其人**

杨承路出生于湖南长沙一个知识分子家庭，从小他就是父母眼中的好孩子，老师眼中的好学生。1984年，杨承路考入长沙当时最好的重点中学——雅礼中学，但他进校成绩是最后一名。这是他一生遭遇的第一次挫折。经过短短一年的刻苦学习，他就进入了前三名的行列，并很快担任学生干部，成为学校里的"明星"。1990年，高中毕业后为照顾家人，他选择了位于长沙岳麓山下的湖南大学经济系。

---

[一] 案例改编自清华大学经济管理学院案例库。

**大学生活**

杨承路经过大学第一年的努力学习，成绩很快名列前茅，并且很快成为系、校的学生干部。1992年，他相继当选为湖南大学学生会主席和湖南省学联主席，同年还当选为全国学联副主席。当学生会主席就得搞活动，办活动就需要钱。于是杨承路在商业方面的才能开始显现。

湖南大学每年拨给学生会两万元的活动经费，这是远远不够用的。于是学生会利用学校的学生活动中心在周末办舞会，通过收票和卖汽水等饮料筹集活动经费。除此之外，他们在1992年秋天举办湖南大学大学生科技文化节，第一次拉了企业赞助，获得了实物和金钱方面的支持。

后来，他们又开始尝试做一点买卖，经营与学生生活密切相关的矿泉水、演出票、文化衫等。杨承路从文化衫的经营中得到的启发最大：区别于批发回来的普通文化衫，他们通过卖自己创作的、有校园文化特点的文化衫获得了很大的成功，杨承路由此明白了什么是增值服务，知道了赚钱要通过创造新的东西来实现。

**清华岁月**

1994年9月，杨承路经学校推荐，免试进入清华大学经济管理学院读研究生，师从傅家骥先生学习技术经济。经过很短时间的努力，杨承路很快适应了清华的生活：学习成绩依旧名列前茅，又当选为经济管理学院的研究生会主席。当时，清华大学很强调培养学生的计算机能力，但校内上机条件有限，他就想去中关村转转，找一份兼职工作，可以让自己熟悉计算机应用，就算给人家干活不要钱也没关系。

**兼职时期**

还在湖南大学当学生会主席时，杨承路就认识了一个88级计算机系校友李峰。李峰在学校的时候就是湖南大学大学生科技开发中心总经理，颇有一些商业运作的经验。杨承路到北京读研究生时期，李峰和湖南大学的另一个校友蔡振宇一起在中关村开了一个叫太古的小公司，一共五六个人，主要做计算机及其零配件相关的业务，甚至也做服装。杨承路就在太古做上了兼职，但直到后来接触到触摸屏之前，他一直没有把这个工作当一回事。

**太古触摸屏技术中心**

触摸屏是一种当时最新的电脑输入设备，是最简单、方便、自然的人机交互方式。触摸屏的应用范围非常广泛，主要用于公共信息的查询和业务查询等。

1995年4月，太古公司的李峰他们开始接触到触摸屏。最开始是有人想向太古公司订购触摸屏，李峰他们一了解，触摸屏生意的利润非常丰厚，毛利率高达200%~300%。国内市场刚刚起步，无论从应用的广度、深度来说都很不成熟。市场上专门做触摸屏的计算机公司规模都非常小，主要的商业模式是为工业控制方面的应用厂商提供部件或组件支持，赚取销售利润。在触摸屏的供货商方面，当时国内厂商主要生产红外触摸屏，70%以上的国内市场份额为国外厂商所有。

1994年全世界触摸屏的销售额大约在1.5亿美元，而且这个数字还在以每年40%的速度继续上升。1998年仅美国市场的触摸屏销售额就超过了3亿美元。李峰、杨承路等人判断，由于中国人在电脑输入习惯方面与西方人的差异，触摸屏在中国的应用应该比西方市场更有发展前途，于是他们决定把触摸屏当作主要业务来做。他们认为应该依托一个供货商，一方面稳定供货渠道，另一方面也可以获得技术与营销支持。经联系和比较，他们选择成为泰科电子（Elo touch）公司在中国的唯一销售代理。公司也更名为北京太古触摸屏技术中心。

1995年12月，太古决定与中国软件行业协会合作在中国开展一个触摸屏的应用推广活动"中国触摸屏技术发展研讨会"。会议邀请泰科电子等触摸屏供货商展示它们的最新技术和产品。太古触摸屏技术中心希望通过举办这样的研讨会向泰科电子公司展示自己有很强的市场实力，从而打消泰科电子公司对自己的顾虑。事实上，当时太古的实力非常弱，注册资本才30万元，骨干员工只有两三名，全部员工加起来也不过6人。杨承路去北京大学、清华大学找了六七个研究生充当太古的员工参与组织研讨会。由于杨承路有很强的组织协调能力，研讨会举办得很成功，得到了供应商方面的赞赏和肯定。

在泰科电子公司的支持下，再加上李峰、杨承路、蔡振宇等人的努力，太古的触摸屏业务发展很快，1996年，泰科电子公司在中国的销售额达2 000万元，市场占有率也由零达到60%。太古的正式员工也发展到10个人。

**从代理销售到自主开发**

在代理销售泰科电子公司的触摸屏过程中，太古的几个主要成员觉得做贸易不长远，担心供货商有改变代理协议条款的主动权。同时，随着触摸屏技术的市场普及，竞争开始激烈起来，销售代理的利润逐渐变薄。他们想自己开发基于触摸屏技术的应用产品。

从1996年年中开始，触摸屏市场应用的重点由工业控制向办公系统和公共信息查询转移，尤其是公共信息查询市场增长十分迅速。

1996年3月，他们从邮电系统的代理商那里了解到：邮电部确定1996年为全国邮电系统服务质量年，邮电部将狠抓邮电系统的服务质量，降低用户投诉率，他们意识到机会来了。太古认为，如果能够利用自己掌握的触摸屏技术，针对邮电系统，开发邮电信息公众查询系统，配合邮电部的服务质量年，会有很好的商业前景。

于是他们在1996年4月投资3万元开发邮电信息查询系统，其中软硬件由太古开发，数据由邮电系统提供，机械部分外包给北京航空航天大学的几位青年教师和学生。1996年6月底原型机Kiosk诞生,到同年9月底,他们共试生产Kiosk邮电系统信息查询系统20台,全部销售一空,成本利润率高达150%。

**环星公司的触摸屏项目**

邮电信息查询系统的初步成功给了李峰他们很大的信心,他们决定继续扩大Kiosk产品的生产,同时还要针对学校、医院、证券行业开发相应的Kiosk系列产品。

扩大生产和继续研发需要资金,日益激烈的竞争不允许太古靠慢慢自我滚动来发展自己的触摸屏业务。于是,李峰、杨承路等人希望引进外来投资者把企业做大。最后,他们找到了北京计算机一厂(以下简称一厂)。

一厂是国家定点生产计算机的国有企业。在20世纪90年代初,该厂在房地产市场收获颇丰,积累了一些资金。该厂希望通过与太古的合作,自己的主业领域能在市场上占据一席之地。

经过几轮艰苦的谈判,太古和一厂决定合资组建北京环星触摸屏有限公司,一厂以房产、一部分设备和流动资金共3 000万元入股,占环星公司60%的股份;太古以技术、存货入股,占40%的股份。

公司设总经理一名,由外面聘请。另外设两名副总经理,一名由李峰担任,分管市场、销售、行政与研发;另一名则分管生产、人力资源和财务,由计算机一厂派人担任。

李峰希望他分管的市场、销售、行政和研发四个部门由原来太古的人出任。其中销售部经理由蔡振宇担任,市场部经理他希望由杨承路担任,而行政部经理则由杨承路在清华的舍友季春庆担任,季春庆从触摸屏技术研讨会开始就参与太古的运作,后来一直在太古帮忙,对太古的行政运作很熟悉。

李峰他们希望对原太古在环星40%的股份进一步细化到人,但由于当时市场成长的速度很快,进入的厂商越来越多,他们希望能尽快投入产品的研发和批量生产，从而抓住市场机会。他们想，几个创始人之间一起奋斗过来，相互之间非常信任，股份的细化问题可以留待将来逐步解决。

**艰难的选择**

在环星公司的触摸屏项目进行到关键阶段的时候，李峰多次找杨承路谈话，希望他毕业后能正式加盟环星公司，做市场部经理。他提出，杨承路到环星，月薪5 000元[⊖]，将来还会从环星40%的股份中划出一块与核心员工（包括杨承路、季春庆等人）分享。

因为环星公司不属于国有大中型企业，所以解决不了北京户口，清华也不主张毕业生过多地集中于中关村的中小企业。如果杨承路决定加入环星公司，一个折中的解决办法是杨承路先分配回湖南，再到环星工作。不过杨承路总觉得这么"漂"在北京不是个好办法，他姐姐也说，户口、人事关系制度还会长期存在，如果在北京工作，还是要将户口、人事关系落在北京。

杨承路征求过他那些在全国学联的朋友们的意见，有人反对他去商界，认为杨承路有这么好的学生工作基础，人又聪明能干，关系网也好，从政前途不可限量；也有人认为即使要去商界，也不能去环星这样的民营小企业，风险特别大，说不定哪天就倒了。杨承路完全可以找一家大的外资企业，或者干脆找一家部委下属的大企业，前途会更稳定。有人甚至推荐杨承路去团中央下属的一家大型旅游企业，认为杨承路很适合，说他任何时候想去，只要打个电话，有什么要求只管提出来。

不知不觉中，分配政策会结束了，杨承路还沉浸在思考中，他是得好好掂量掂量了。

---

⊖ 作为参考，当时1994年杨承路留在清华任教的同学，月收入在1 000元左右，而全国职工月均收入378元。

**请思考**

1. 试比较杨承路不同的职业道路选择可能面临哪些得失。

2. 如果你是杨承路，你认为案例中他表现出来的哪些特点适合成为一名创业者？

3. 杨承路毕业时正处于我国创业环境的哪一波浪潮？结合当时的创业环境，你认为这个项目值得杨承路"冒险"吗？

第2章

# 创业者与创业团队

【核心要领】
- 了解创业者个体的独特心理素质和能力素养。
- 掌握搭建团队的方法及要点。
- 掌握团队建设的方法和要点。
- 理解股权分配的原则和作用。
- 了解创业型组织的概貌。

## 他山之石

贝宝的创始人彼得·蒂尔和麦克斯·拉夫琴希望创办一家人人都能成为好朋友的公司。

贝宝招收的"臭味相投"的伙伴，均来自创始人的母校斯坦福大学和伊利诺伊大学香槟分校。

eBay收购贝宝后，贝宝的核心团队成员们纷纷离职，但彼此间友谊深厚，相互帮助，被外界称为"黑帮"。

贝宝"黑帮"再次创业，成就了一批市值非常大，有势力、有影响力的大公司。

## 硅谷贝宝"黑帮"

美国最大点评网站 Yelp 的灵感来源于"黑帮"成员聚餐,并提供了天使投资。

陈士骏成立了 YouTube,"黑帮"成员帮忙牵线搭桥吸引融资。

埃隆·马斯克创建了 SpaceX 太空探索公司和特斯拉汽车公司。

如今贝宝"黑帮"依旧关系密切,管理着超过 300 亿美元市值的企业。

商业世界中成功的创业故事总会让人有种幻觉，好像那个独一无二、旷世无双的创业点子是决定创业成败的关键，殊不知这无一不是通过出色的团队运营执行才得以实现的。优秀的创业团队才是决定创业成败的关键因素。一个精诚团结、同舟共济的创业团队，不仅能摘得创业的胜利果实，还能改变团队成员未来的人生轨迹。贝宝"黑帮"（PayPal Mafia）的传奇经历就是很好的例子（见图2-1）。

图2-1　贝宝创始团队

贝宝（PayPal）的团队成员在公司创立与发展的过程中建立起的坚固的友谊、彼此认同的行事风格、相互帮助支持的关系，就如一个创业"黑帮"。2002年eBay以15亿美元的高价收购了贝宝，12名团队成员因不满新东家的传统企业文化纷纷出走自立门户。这些成员虽然不再在一起共事，但友谊依然得以延续。他们在创意、资本、人才和经验等方面相互合作、无缝配合，在这张情感与利益构成的人脉大网中诞生出一批耀眼的明星科技公司和投资基金等。

贝宝"黑帮"在科技界与创业投资界打造了数家市值上亿美元的公司。耳熟能详的特斯拉电动汽车公司（Tesla Motors）、家用光伏发电（Solar City）、太空探索（SpaceX）、个人分享网站（Slide）、大众点评网站（Yelp）、视频分享平台（YouTube）、职场社交平台领英（LinkedIn）等都是他们的杰作。如今叱咤全球科技风云的贝宝"黑帮"当初如何能走在一起呢？

贝宝"黑帮"教父、贝宝的创始人彼得·蒂尔（Peter Thiel）与麦克斯·拉夫琴（Max Levchin）当年并非构思好创业项目的雏形再组建团队创业。他们只是天马行空地遐想"想办一家公司，这家公司里人人都能成为好朋友"。没有成形的产品描绘，也没有诱人的赢利模式，这恰似乌托邦一样的Confinity公司（贝宝前身）在1998年还果真横空出世了。Confinity公司刚开始招聘时都是从身边关系亲密的同窗好友入手。彼得·蒂尔集合了一批其母校斯坦福大学的好友,后来主导贝宝的业务员部门;麦克斯·拉夫琴则召集了母校伊利诺伊大学香槟分校的好友,随后主导贝宝的技术部门。两位创始人的人格魅力将两批"臭味相投"的人聚合在了一起。没有猎头牵线,没有专业招聘流程,全靠口口相传,朋友牵线介绍。后来加入团队的 YouTube 创始人陈士骏,当年就是为这个团队的工作氛围所吸引,在只剩四个月就要大学毕业的时候,退学加入了贝宝。

贝宝团队虽然都是名门高校精英构成,但这样一个自发组成的团队在创业过程中同样挫折连连。彼得·蒂尔曾表示:一个创业公司所有能遇到的问题贝宝团队几乎都遇到了。然而,团队正是在面对这些挑战的时候,团结一致克服了这些困难,才使得贝宝获得了成功,友谊更加坚固。

贝宝的创业过程给团队成员带来了深远的影响。贝宝团队成员在业务发展中凝练出来的思路、方法、经验、教训在他们后续各自的创业中广为所用,是一笔宝贵的无形财富,惠及了每个人。比如,因微信红包一夜爆红的病毒式营销当年已经被贝宝玩得炉火纯青了。那还是

移动互联网没有普及的年代,贝宝设置的规则是:有人可以通过贝宝给你的账户寄钱,但你必须注册为正式用户才能领钱。这种方法一下将贝宝的用户基数迅速膨胀。除此之外,如今苹果公司引以为豪的 APP Store 平台当年也是贝宝的发明:贝宝把自己的应用放到 eBay 里,用户只要在 eBay 的页面上点一下即可进入贝宝。贝宝团队还在产品开发实践中总结出了快速迭代的思路:产品开发不必完美无瑕,允许产品尚未达到特别完善时被推出接受用户的反馈,然后迅速改进。现在,铺天盖地的"互联网思维"要点之一不就如此嘛!Facebook 的"快速行动,打破陈规"的开发者原则也深受此影响。

更为重要的是那时候贝宝团队的成员为了理想和爱好天天腻在一起,每天工作十几个小时,几乎没有个人业余生活。而在这种耳鬓厮磨、共同战斗的环境中建立起来的深厚友谊为持续创业提供了灵感、资本和人才。

大众点评的原型 Yelp 的创业灵感就来源于 2004 年贝宝老友们的聚会。在聚会结束后回家的路上,两个小伙伴 Jeremy Stoppelman 和 Russel Simmons 相互抱怨没有一

个公开的渠道让病人了解牙医的医术是否高明,颇让人郁闷。聊着聊着他们就萌生了一个主意:干脆建立一个线上评价社区,把客户对牙医的评价收集起来供其他人参考。当晚,雷厉风行的两人就在办公室把这个想法写成了计划,并将它告诉了拉夫琴。拉夫琴二话没说立刻同意提供100万美元的启动资金,并且免费提供办公场地。这个想法在他们的人脉网络中一传播,立刻吸引到一批技术人员的支援。这就是友谊的力量。

另一个年轻人熟悉的优酷的原版YouTube,其实也是在这样一个偶然社交的过程中产生的。当时陈士骏和几个朋友参加完野餐会后,突然想到要做一个视频分享网站,把在野餐会上大家拍到的有趣视频分享给更多人。然而,视频分享网站的建设需要数额较大的投资,那么这笔投资从何而来呢?他们把做这个视频网站的想法告诉了自己在贝宝的前同事,辗转几次,通过中间人牵线搭桥,他们顺利获得了早期的风险投资,并且他们的人脉网络集思广益,改进了他们最初的主意,优化了商业模式。最终YouTube获得成功,被Facebook收购。而陈士骏从YouTube出来后再次踏上了创业征程。

一个优秀的团队对创业成功的重要性不言而喻。优秀的团队在创业过程中形成的信任、默契、情谊、知识、技能与方法,成为团队成员后续发展的宝贵财富,而且在未来追求新的事业发展中也会起到积极的作用。著名投资人徐小平甚至认为,创业团队对新创企业而言比产业选择和业务发展模式更重要。只要有了优秀的团队,就可以选产业,找机会,设计商业模式,失败了甚至可以再找机会重来。但是如果没有好的团队,一切都无从谈起。

谁有资格成为创业者？为什么很多学富五车的高学历名校毕业生创业会失败？中外创业大佬们诸如乔布斯、大前研一、柳传志、王石等有没有可以凝练的共同特点？

学者通过大量的案例研究得出：成功的创业者确实具有某些特定的心理素质、技能素养和社会经验。其中，有先天因素决定的部分，但更多的特质则可以通过后天有意识的学习和修炼得以提升，以更适应创业这项富有挑战性的活动。

## 创业者的心理素质

我们常说创业者都有一颗强大的心。创业者的心理素质常常在以下六大方面异于常人。

**创新为先**。创业者不是"安分守己""循规蹈矩"的群体，对不同的困难和挑战，他们总能创新性地思考解决方法。创业者从事的都是开拓性的工作，没有范本指引，需要拥有创新思维突围。他们也乐于从不同的角度看问题、解决问题。

**专注精神**。在面临纷繁复杂的环境时，专注精神是创业者所必须秉持的心理素质。一旦设定了阶段性目标就有一种不达目的誓不罢休的拼劲，绝不会轻易被随机出现的机会迷花眼，朝三暮四反复地修改目标。

**独立自主**。商业社会存在着各种各样的产品和业务模式。每个产品在刚起步的时候，可能都像丑小鸭一样不堪入目，对它们的评价甚至不是"好"或"不好"，而是"差"或"更差"。如果产品最初不能得到大众的认可，创业者的主见和坚持就显得尤为重要，不会轻易被舆论左右，摇摆不定。

**乐观自立**。乐观意味着创业者总会从正面看问题，充满正能量，哪怕事情在常人眼中糟糕透顶，他也能乐呵呵地放大其中的闪光点。牛仔裤的创始者李维斯最早跟着大家一起去美国西部淘金。当他发现淘金者需要过河时,他做起了摆渡生意;当人们纷纷效仿,抢占他的市场时,他转身去运水来卖;由于门槛低,卖水的人也蜂拥而至,他还是没有气馁,他发现那些采矿者都是跪在地上采矿,膝盖很容易磨破,他决定把帆布帐篷等废料利用起来做成不容易磨破的裤子卖给淘金者穿,因而创立了牛仔服这个服装品类。这就是乐观、打不死的"小强"精神。即使在创业过程中问题接二连三,创业者也是从自己的角度思考怎么解决问题,而不是怨天怨地,纠结于问题出现的原因。

**敢于冒险**。初创企业诞生之际抵御风险的能力很弱,创业者是在资源的高度约束下施展拳脚,因此多数时候创业者只能将赌注压在问题的一个解决方案上。当然这样的冒险不是赌徒心理,创业者通常会通盘考量决策的成功概率以及失败后可承受的后果等。创业者判断失误也许会使企业随时命悬一线,但创业的过程常常需要他进行冒险,并对结果有很强的心理承受力。

**拥抱变化**。市场瞬息万变,初创企业面临外部环境的高度不确定性。因为变化超出预期,因为变化不可控,因为变化无法预知,大部分人厌恶变化。而在创业者眼中,变化是机会,只有拥抱变化并推动变化才能成就一番事业。

## 创业者的傍身技能

创业者跟芸芸众生相比,除了拥有强大的心理素质外,成功的创业者在个人能力上往往也有其独特之处。

首先,**创业者要有极强的自制能力**。创业者要能够控制自己的情绪、行为,朝着创业目标前进。雕爷牛腩的创始人孟醒,当初想将香港一家著名的牛腩面品牌引入内地,面馆老板在计算器上敲出了天价回拒了他。这其中自然多少有些侮辱的意味。孟醒克制住自己的情绪，默默地回到酒店通知北京的伙伴，注册了一个雕爷牛腩的品牌自己开始进军餐饮业。他遇到挫折的时候能够控制住自己的情绪，不是将负面情绪宣泄给团队成员，而是克制地朝着正确的方向推进。

其次，**创业者要有极强的学习能力**。因为创业者在做别人没有做过的事情，要在打仗中学会打仗，所以他要学会随时总结和提炼，发现事件之间的因果关系。比如，同样的产品为什么北京畅销，广州滞销？是因为广州的气候还是广州的人口结构？创业者要学会去推测这种因果关系，除此之外，还要在学习中树立全局观，能够看到未来一段时间的发展趋势并未雨绸缪。

再次，**创业者要有极强的应变能力**。创业者应对市场的反馈、利益相关者的反应就像与武林高手过招，往往对方的招数很难预测，唯有通过临场观察，随时接招做出应对，达到见招拆招，才能抵御进攻，把局势扭转到对自己有利的一面。

最后，**创业者要有极强的说服能力**。在资源严重受限的情况下，创业者必须靠团队创立新事业，同时还要依靠供应商、投资人和客户。他需要把社会关系网络中的相关人员都发动起来，借助大家的力量才有可能实现创业梦想，所以创业者往往需要很强的说服能力让对方相信自己。

## 创业者的社会资源

创业者拥有了这些傍身技能后，还需要进一步思考所拥有的社会资源。对于即将从事的行业，创业者是否拥有一定的行业经验。各行各业的发展都有其自身的运行规则和特点，俗话说"隔行如隔山"，若不是一个深入行业的亲历者，拥有一些职能经验，甚至是管理经验，就很难发现其对应市场的痛点、行业的机会和未来的发展趋势,也很难在该领域建立起深厚的人脉关系为自己所用。所以创业的黄金时间往往是创业者在行业里摸爬滚打,有一定的沉淀后相对更容易成功。

另外一项重要加分项是创业者的创业经验。创业者的第一次创业活动几乎都是以失败告终。但是第一次创业活动会带给创业者非常宝贵的经验,让他的下一次创业活动走得更快、更稳。因此创业经验也经常是投资人考察创业者的重要指标之一。

那么,了解了创业者所需要的心理素质和能力素养后,如何判断自己对创业是否已经准备就绪了呢?夜深人静时不妨问问自己以下四个问题(见图2-2)。

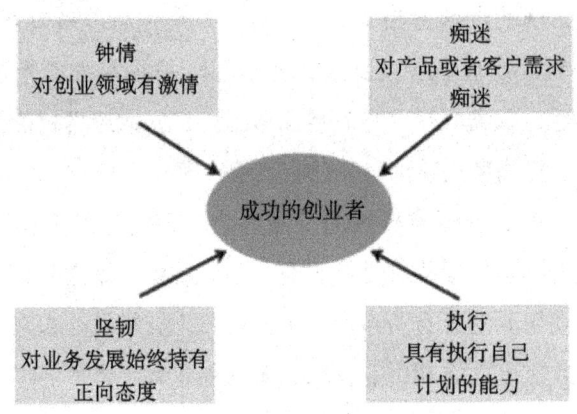

图2-2 成功创业者自测

1. 对于即将创业的领域是否具有激情?

2. 你在这个钟情的领域里,是否对产品或者客户需求痴迷?

3. 你的事业遭遇挫折后,是否保持坚韧不拔、百折不挠的精神,仍然不忘初心地怀有热情?

4. 你有没有能力让你的创业想法马上能够落地?

如果以上答案是积极的,那么接下来就可以以你的创业想法为基础搭建一个团队,向创业目标前进了。

## 创业梦之队

团队是由一群互动的人组成；为了做一件共同的事；采用共同认同的做事方法或规则，并在共事的过程中建立起感情，这就意味着团队是人、事、法、情四方面的联结。如今社会，一个人很难在商海中单打独斗，势必会寻找志同道合的小伙伴一起打天下。我们把以创业为目标组成的这样一个群体称为创业团队。

创业团队也被称作初始合伙人团队，他们由一群有创业心态、创业能力、共享创业收益、共担创业风险，并且有决心在相当长的时间里全身心投入创业事业，以组建和运营一家新企业为目标的人构成。

每位创业者都希望能组建一支阵容豪华的梦之队。那什么样的团队成员组合才能称为高质量的优秀团队呢？任何一名外部人只需要从四个角度观察团队的构成，便可一目了然。

首先，**团队成员所拥有的知识和技能**。具体包括团队成员受教育程度、既往的行业经验和创业经验。这里所谓的受教育程度，不是单指一纸学历证书，而是在学习的过程中所培养的理解力和领悟力，拥有快速学习能力的人才能适应变化的环境，领先于他人。如果创业机会处于一个高速发展的新兴行业，团队成员受教育程度跟不上，基本不可能在竞争中处于优势。另外，任何一个行业经过数年，甚至数十年的发展都形成了各自严密的运行系统。如果一个创业团队都没有相关的行业经验，它很难快速地理解一个行业并培养出相应的行业敏感度和技能。而创业经验的缺乏可能会让团队在创业旅程中栽倒在常见的陷阱里。

其次，**团队成员所拥有的社会网络和资源**。每一个人将自己的网络带入团队将使得团队像一张有多个触角的网，蔓延到将来能为企业提供资源的所有者。作为学生，现在的社会资源匮乏，但不要轻视你的室友、校友、老师甚至球友等。随着每个人的成长，网络也是在逐渐扩展，或许等你有创业念头时，这些网的价值就能够完全凸显了。

再次，**团队成员价值观的契合度**。团队成员对于企业发展的目标、所经营的领域以及未来的发展方向是不是有统一的认识。价值观是每个人在过去数十年的成长过程中建构起来的，绝不可能一时半会儿改变。最怕创始团队中的人因为热情走到了一起，但事实上，团队成员间在价值观上有不可调和的分歧，这在团队遇到重要问题时容易造成分裂。

最后，**团队治理结构的清晰度**。形象化地理解就是团队的每一位成员是不是有一个给定的角色，各自扮演相应的角色。当团队出现分歧或者矛盾时，能够按照各自的角色快速有效地解决问题。

如果这四个方面都十分匹配，毫无疑问它是一支非常完美、所向披靡的创业梦之队。任何一个团队都需要一名团队主心骨率领整个团队前行，否则就会陷入群龙无首的混乱，创业团队也不例外。这名团队核心通常就是创始人自己。

相比其他成员，除了具备创业者的特质外，团队核心还要更有大将风范。他要确定公司的战略方向，给公司的发展指明方向；他还要把团队成员聚合起来熔炼成一支能打仗的队伍；他同时还需要搞定公司发展的核心资源。这三件事情，光靠民主决策的方式是不能成事的，它要求团队核心必须挑起这个重担，当机立断、果断决策。

团队核心既要能带领团队达成一个又一个的任务目标，同时在团队内部还要能服众，至少应该在以下三个方面比别人有更多的修为。第一，要比别人站得高、看得远，不仅要看到未来六个月，还要看到未来两三年；不仅能站在企业的角度看，还能站在整个行业的角度看；这样，团队核心就能够把未来可能遇到的问题、出现的机会像预言家一样提前告诉团队，其他成员会增强对团队核心的信任和依赖。第二，要理得清，能够把复杂的事情以特别简洁的方式表达给团队成员听，有思路才有说服力。团队核心对于企业发展有明晰的思路，这样整个团队才愿意跟你走。第三，要更大气和宽容，更富有责任感与牺牲精神。这样才能身先士卒，团结和带领大家。

团队核心对于团队的重要性不仅仅体现在平时的日常生活中，还体现在团队遇到问题和困难时，他是团队的最后一道防线。比如，当客户的投诉排山倒海般涌来时，整个团队都在质疑能否抗得住时，他会站起来说"没问题，我们能扛过去"。当团队融资出现问题已经揭不开锅时，他能以个人信用做抵押去借款。任何一家伟大的企业都有一位所谓的精神领袖，如联想的柳传志、小米的雷军、苹果的乔布斯等，而这种精神领袖就源于在创业的早期他们还处于创业团队阶段的时候，他就成了整个创业团队的核心。

## 如何招兵买马

完美的梦之队人人向往，然而残酷的现实是：一个资源稀缺、前景不明、待遇平平，今天不知明天生死的小公司怎样才能网罗到精兵强将，陪着你不分昼夜、甘苦共担地在商海里出生入死？

首先，你自己心里要明白你所创立的这番事业需要什么样的人才。不是阿猫阿狗、虾兵蟹将随随便便漫无标准地搜罗在一起就大功告成，即使是腰缠万贯的大企业投放的招聘启事也会对每个岗位需要的人才要求、岗位职责做详细的描绘。所以你所需要的人才一定得和你的创业机会相匹配。

其次，当你心中已经模拟画出了人才形象时，接下来要做的就是按照这幅人像指引到你的社会网络中搜寻合适的人。社会网络包括你熟悉的同学、朋友，认识的师长、教授，甚至是七拐八弯的亲戚等。就像贝宝"黑帮"的创始人一样，从身边的人着手。

我们强调在创业者自己的社会网络中寻找，而不是借力招聘网站或者猎头，是因为那样的渠道通常是为成熟的公司服务的，人才在资源市场中是明码标价竞争的，初创小公司且不说能否提供优厚的福利待遇满足优秀人才的薪酬期望，甚至连勾起精英们兴趣的亮点都无法体现。同时，团队的磨合与信任需要花费时间。没有多年的相识基础，对方的价值观、做事风格、真实能力、可信赖度都需要花时间去试验，这对初创小公司来说时间成本太高。因此，对于团队中的绝大多数成员一定是只能从创始人自己的社会网络中寻觅才容易获得适合自己公司的人才。如果你说你的社会网络里没有合适人选，怎么办？那你真要扪心自问一下你现在的创业想法有没有经过深思熟虑探讨它的可行性？你有没有深入你拟创业的行业接触相关的人士和信息？

当你已经如愿以偿地搜寻到目标对象时，你还需要认真谨慎地评估这些目标对象和商业机会的契合度以及和你本人的契合度。有些时候大家是基于共同的爱好兴趣或者感情聚合在一起，而忽视了创业机会对人的要求，使得团队的成员构成中出现明显的短板。曾经有一个做电子商务营销推广工具的团队，成员全部来自清华大学技术研发能力特别强的学生。产品设计相当不错，但是这个创业项目的成败高度依赖于用户采用人数。而这个团队中竟然没有一位有营销经验的成员！这群志同道合的学生觉得营销那都不算事儿，他们可以在团队中发展一位"懂"营销的成员。问题是营销是一门实践性很强的学问，需要有深厚的实战经验，竞争对手能否友好地给你时间让你的团队发展营销能力？

最后，经过你的精心匹配，你已经有明确的招人意向了，在正式结盟以前先尝试与意中人逐步接触、试探和了解，看看彼此的品性、思路、价值观是否合拍。创始人也有考察对象是否真"才"实料，是不是团队能力的补充或提升。这样的试探过程可以通过正式的工作试用完成，也可以采取休闲娱乐聚会的方式考察。如果经过这一关的筛选，对方仍能入你的法眼，那么恭喜你基本找到了如意人选。

贯穿团队组建过程有一些重要原则需要从一开始就像紧箍咒一样时刻提醒创始人。比如，团队成员之间的相似性与互补性的平衡。前面讲成员与创业机会契合度的时候就曾提及过，相似的人在教育背景、思维方式、技能特长等方面重叠的程度高，它无法满足创业团队在商战中拼搏时对人力资源丰富性的需求。团队成员之间应该在价值理念、创业目标等方面相似，而在能力、经验、性格上互补。互补性除了带给团队多样化的人力资源外，也有利于团队成员从别人身上吸收更宽泛的知识和经验，获得全面的成长。

再如，从一开始，创始人就要对未来可能出现的团队冲突有心理预期，发现隐患苗头及时熄灭，不要让冲突成为摧毁团队的破坏性力量，这方面的例子比比皆是。泡面吧创始人反目事件就是没有对先前的冲突及时化解，时间长了埋下的矛盾在瞬间引爆，让蒸蒸日上的事业瞬间坍塌。冲突不一定是负能量，如果很好地利用，它将是凝结团队精神的正能量。任何一个团队都无法避免冲突的形成，尤其是人和人之间因为过去不同的知识、经验，或是对获得信息的理解偏差、对同一问题产生的分歧，这样的认知冲突再自然不过了，它只是就事论事。认知冲突鼓励坦诚相待，减少团队内的沟通成本。但如果认知冲突处理不及时，有可能进一步演化为对人不对事的状态，彼此间出现情绪上的不合和对立，形成情感冲突。凡是对方说的都是错的。从对事的否定转向了对某一个人的否定，团队之间弥漫着敌对与不信任，那么这个团队离散伙就不远了。因此，在任何时候发生分歧，创始人一定要坚持对事不对人的原则，彼此有意见，不回避当面说清楚，不相互猜忌，将情感冲突的可能扼杀在摇篮里，保证团队关系的融洽、开放自由、协作进取。

## 新创公司的秘密武器：股票

前面讲到了创始人应该从身边的人着手组建创业团队，但有没有想过你兜里有多少王牌来吸引到这样的人才？作为石头缝里蹦出的小公司，自身生存问题都将打个大问号，你用什么去说服你的意中人加入你的团队并肩作战？高薪金？你现金匮乏！响当当的职位？寥寥数人的小公司即使CEO也没含金量！晋升空间？公司的未来还不明确呢，别开玩笑了！

初创公司到底有什么秘密武器？

没错，就是股票！阿里巴巴上市批量造就的亿万富翁、千万富翁、百万富翁就是因为手持这份魔法凭证，让成立时几乎废纸一张的股票逐渐演变为钞票。

股票的增值幅度根据公司的发展可以暴涨。那么，谁应该获得魔法凭证？谁又不应该获得？总结起来三类人有资格获得：公司创始合伙人、核心员工和股权投资人。股权投资人真金白银掏钱投资你的公司，获得股份天经地义；和你一样的公司创始合伙人既出钱又出力，获得股份毋庸置疑。核心员工大部分是关键技术人员和未来公司的管理层，他们为什么能获得股份呢？新创小公司一穷二白、稳定性差，你不慷慨地使点"魔法"吸引他们加盟，你的创业大计又如何实现？

魔法凭证未来也许会价值连城，那就不能轻易给出股份。记住：如果能够用佣金的方式计量和解决的，就不要采用股份的方式。比如，那位常常替你介绍客户的人，似乎对你的业务发展很重要，但你有没有想过他手握的客户资源会不会因为某天的某种变故而消失？如果此刻你草率地给予了公司股份，彼时将如何收场？何不按照销售佣金提成的方式清清楚楚地结算？那些一般性的替代性很强的普通员工，他们对公司的贡献和忠诚度均有限，不足以采用股份的方式去吸引或者激励，显然也应该被排除在外。

界定清楚股份的分配对象后，接着问题来了：给多少和如何给？理论上，股份的分配应该由投入资金的多寡决定，投钱多的人多持有股份，投钱少的人自然少持有股份。但前面提到过你不是需要利用股份去吸引有能力的人加盟吗？或者是创始合伙人钱少本事大，他的能力是稀缺性资源，你愿意让渡一部分股份置换这样的能力。这就需要评估他所提供的能力对公司发展的重要程度而合理地作价。

投钱的人清清楚楚地把白花花的银子投入了公司，而能力投入者在获得股份的时候能力还没有变现呢！换句话说，预估的他的能力究竟能不能为公司的事业带来效益，还没有得到现实的检验。如果白白给了他股份又没有实现预期目标，或者更有甚者转手处理掉公司股份，那岂不是赔了夫人又折兵！那既然我们决定要给，就只能在"如何给"上设计得更艺术，巧妙地用条款规避潜在风险。

一般来讲，股份需要和持有人未来在公司工作的时间相绑定。比如，你决定给一名团队核心成员100万股，那么这100万股不是一步到位立即划至他名下，可能是按设定的节奏予以兑现。比如，第一年年底给他20万股，第二年年底再给他20万股，以此类推。在这个过程中，如果他第三年离开了公司，他就只能拿40万股，这样就能够确保股权激励将公司利益与个人利益统一起来，他贡献了多少能力就获得多少价值。

既然魔法凭证有很好的激励作用，是初创公司吸引员工和激励员工的撒手锏，那么初创公司要充分利用股权激励这样的工具为未来的发展留下空间。随着公司业务的发展，对人才的需求也会逐步加大。公司在刚开始的时候，就要预留出一部分股份，为吸引未来的核心人才做准备。这些股份通常以期权的形式暂时留在公司。简单而言，期权就是未来购买股票的权力。它允许核心员工在约定的未来某个时间以较低的价格购入公司的股份。这个价格往往是非常优惠的，甚至是零价格，其目的就是鼓励员工，将其收益和公司的命运相关联。

既然魔法凭证有多重作用，那么如何评价一个股权分配方案是否设计得合理、科学？我们在设计股权结构的时候需要注意以下几方面。第一，股权兼具控制和激励的双重作用。不要只想到激励而忘记了控制权的重要性。创业企业要防止股权过分平均和分散以后出现难以协调意见、谁也不负责任的状况。第二，股权分配要做到贡献程度和决策权的统一。也就是说，一个人对公司所做的贡献越大，他理应获得的股权越多，从而他对重大问题越有决策权。第三，股权分配要有契约精神，不仅要约定公司创立的时候怎么样，而且要把可能预见的风险摊在桌面上说清楚，"既要约定生，也要约定死"。创业团队建设的一个重要方面就是把团队自身各个成员之间的责、权、利以股份分配的方式制度化地约定下来，可以为团队的建设提供一个很好的制度基础。

## 优秀团队炼成术

凭借创始人的努力组建了一支梦之队，那也仅仅是拥有了良好的开端。创业者如何把组建的团队光芒打磨出来，成员间像一组齿轮般有机融合、互助，成为一支骁勇善战的队伍，需要在创业的旅程中运用团队建设的智慧。

把一些本来没有交集的伙伴整合在一起为了共同的创业理想奋斗，首先需要琢磨的是如何集体创新，协作进取。初创企业跟成熟的大企业相比缺钱、缺人，既不可能财大气粗地购买咨询报告，也不可能将专业顾问招至麾下，但优点就是没有官僚的层级，几个小伙伴思维比较活跃，随便找个咖啡馆一坐就能够开始畅想。比如，有些创业公司会有定期选题会，通过头脑风暴的方式对企业发展的某个问题或者目标展开讨论。

除了集思广益、积极创新外，在团队建设的过程中，一定要在日常工作中营造积极分享的气氛。分享的目的不仅是彼此汇报工作进展，或者给大家启发，更重要的意义在于增强团队成员对彼此的认识，鼓舞大家对创业事业的热情与信念。有的创业团队每天设有早会和晚会，早会用来简单地陈述一下这段时间的工作重点，晚会则聚起来分享工作进展。有的创业团队采用周会的形式，有话则长，无话则短。不论哪种形式，其核心目的是沟通。

团队建设的另一个重要方面是培养相互支持、共担风险的意识。创业初期难免挫折连连，屡遭不顺。当然，偶尔也会闪现一些成功的火花。如何培养"胜者举杯相庆，败者拼死相救"的团队凝聚力与承受力？有些团队采用了行动的方式替代口头说教。比如，该团队每周五都有固定的咖啡时间（Coffee Time），由创始人去买咖啡给大家喝。诀窍在于他每次买咖啡时糖和奶加入的程度不同。如果那一周大家获得了某项胜利或者完成了某一里程碑事件，那么咖啡喝起来就是甜甜的；如果那一周有一些小小的进展，咖啡的味道就是有一丝甜；只有当团队不幸经历了失败时，咖啡会变成苦味的。大家通过咖啡不同的甜度来分享团队业务的进展，共同分享成功的喜悦，也共同承担挫折的苦楚。

团队建设是一个动态的过程，它随着创业过程的进展而逐渐展开。而创业目标与机会在创业的过程中会被不断地修正和调整，团队建设方向也要适应这样的变化。

其次，在团队建设的过程中，要学会有用功和无用功的平衡。初创团队的产品是未经市场验证的，因此很容易在某个方向投入很大的精力，但后面证明不成功，人们往往认为这是无用功。但这就像演习的过程，通过演习积累能力与经验，同时也是锻炼队伍的过程。面对挫败感的时候，如何从中快速学习和总结才是最重要的。这样来看，这是无用功还是有用功呢？

团队面临失败在所难免，在团队建设的过程中要学会鼓励大家。鼓励团队士气的武器有两样：一是共同的目标和愿景；二是彼此之间的感情。愿景指出了未来的希望在哪儿，我们要成为什么样的公司，大家才有一股劲儿朝着这个共同理想出发。而感情是一股神奇的力量，它能激发大家团结一致直面失败，它所孵化出的力量能鼓舞士气。

团队建设初期，基本还处于"试婚"或者"结婚"的甜蜜状态。经过一段时间的试验，可能有些人会发现与团队不契合，因此团队的建设过程中要做好"离婚"的准备和安排，最好能在合伙协议里约定清楚，将来分手的时候怎么分；要确保如果真的出现了要分手的情况，大家能够有尊严地和平分手，不会为将来的团队造成很大的冲击，也不会为创立的事业造成很大的打击。

此外，创业团队建设的过程中既要有原则，也不能拘泥于一些具体的规则。灵活地拿捏其中的分寸是一项挑战。在创业的过程中因为外部环境的不确定性，会有很多模糊的地带。团队的成员是基于相互的信任和大原则框架处理分歧。如果完全依据规则而损害了大家之间彼此达成的共识这一原则的话，对团队的伤害就很大。当年靠商务通一举成功的恒基伟业，董事长在董事会上提出收购美国一家做数字电视的企业，结果被董事会投票否决了。但这个董事长是绝对大股东，他就提议分红。分红决议通过后，董事长拿着自己的红利实现了收购美国这家数字电视公司的想法。这项举措给恒基伟业带来了巨大的转折，整个公司的发展一落千丈。有人可能不明白了，这不是合规合理的分红吗？董事长也是拿着自己的红利去投资，和公司的命运起伏有什么关系呢？首先，分红减少了公司后续发展业务的资金资源；其次，最重要的损伤是对团队士气的打击。

虽然董事长这个曲线投资的做法符合公司法规定，但这是团队其他成员明确达成共识的否定投资决策，董事长依然一意孤行。事发之后，恒基伟业的创始合伙人纷纷出走，恒基伟业从此一蹶不振。

因此，我们说团队建设是一项长期、动态、复杂而微妙的过程。它的成功将为搭建一个健康的组织奠定基础，并注入健康的基因。

## 向创业型组织进军

经历过创业团队的组建，随着公司业务的发展，创业团队终究会向创业型组织过渡。创业型组织是一个临时性的具有组织结构雏形的组织，它还并没有成形的职能分工。如果说这个创业组织是原子，那么创业团队就是原子核，而所有相关的人员如电子一样围绕着原子核运动。创业组织搭建示意图如图 2-3 所示。

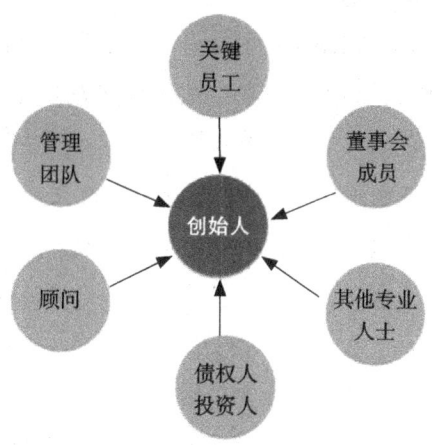

图 2-3　创业组织搭建示意图

创业型组织的管理非常艰难。一方面，初创企业在市场中的历史短暂，还不足以建立起自己的信用历史，很难获得市场中各个相关方的信任。银行等金融机构不会轻易给你提供贷款；上游供应商不会轻易为你开发零部件；初创企业需要花很多的工夫和技巧去说服资源拥有者与其达成合作；而创业团队自身也会由于没有行业地位、收入差强人意、资源匮乏等原因不太自信。另一方面，在建立一个组织的过程中，随着不同教育背景、价值观、个性脾气的人聚合在一起，总归会存在分工合作方面的磨合过程。此外，由于信息获取有限，当产品投入市场时，可能会发现团队应对瞬息万变的市场环境并不能及时有效。一般大企业所面对的市场都已经相对成熟，所有工作都能按部就班地应对，而初创企业面对的突发情况、意外事件层出不穷，对于初创企业都是摸索的阶段，因此初创企业的管理尤为困难。

围绕创业团队所搭建的创业企业组织到底由哪几类人构成呢？从内部来源来看，它主要包括初创企业员工；当业务逐步发展，员工数量持续增长时，还需要按照各个职能对员工进行管理的管理团队；而在整个组织顶部是负责企业业务运营的初创企业的董事会成员。外部来源则包括初创企业的投资人，帮助初创企业把握方向的外部顾问，以及其他诸如会计师、法律顾问等专业人士。这类外部人士对初创企业的指导和介入程度有限，更多的时候他们会提供一些信誉的支持，增强你在行业中的可信任度。

在创业初期，以创业团队为核心来搭建创业组织的时候，这六类成员对公司的贡献不一样，对公司的参与程度不一样，因此管理他们也要有不同的方式。但别忘了创业公司的真正核心还是创业团队和创始人。所以，你要先坚持把自己的事情做好，自然就会获得其他人的尊重和支持，这样才能把创业组织中的利益相关方拧成一股绳，共同度过脆弱的创业初期。

本章从创业者个人到创业团队，再到创业组织，都是围绕"人"这个创业中至关重要的因素。一个好的团队架构搭成后，创业的基础就结实了，接下来便需要琢磨创业那些"事"了。

**要点回顾**

- 创业者不是天生的，谁都可能成为创业者；创业者具有某些特定的心理素质、技能素养和社会经验。其中有先天因素决定的部分，但更多的特质可以通过后天有意识的学习和修炼得以提升。
- 创业者的社会经验包括行业经验和创业经验。而行业经验里既有职能经验又有管理经验。第一次创业失败可能成为再次创业的加分项。
- 一个优秀的团队在团队成员所拥有的知识和技能、团队成员所拥有的社会网络和资源、团队成员价值观的契合度以及团队治理结构的清晰度上都有很好的平衡。
- 构建创业团队要注意价值观上的一致，能力和资源要互补，并对未来可能出现的团队冲突有心理预期。
- 股权分配方案的设计既要兼具控制和激励的双重作用，又要做到贡献程度和决策权的统一，同时还要有契约精神。

**延伸阅读**

1. 《创业管理》张玉利 主编　薛红志 陈寒松 副主编

该书第 5 章创业团队详细讲述了创业者的素质要求、创业团队的构成、创业团队的管理，分析了团队中冲突的来源和危害，可以从中较为全面地了解优秀创业团队的形成过程和规律。

2. 《组织行为学精要》斯蒂芬 P. 罗宾斯 等著

该书对组织中人的心理与行为进行了分析，包括了人格、激励、领导力、沟通、冲突与谈判、组织结构原理等话题，适合进一步探索创业者的人际技能开发。

**创业者说**

马琳琳，东北师范大学学前教育专业毕业，先后创办了亿佳佳教育和 ICEE 国际儿童生态教育机构。她想通过教育理念的宣贯影响大众对儿童早期教育的认识。创业至今，马琳琳在北京和内蒙古拥有五家直营幼儿园和日托中心，在河北、山西和新疆拥有四家ICEE体系技术合作园所。同时，于2014年成立了ICEE教育研究院。

"最早的创业团队在股份架构上绝对不能草率。创业蜜月期间，相互间简直顺眼得不得了，但如果后续出现问题，抛开了感情，至少还要由制衡机制来避免事态朝着坏处发展。"

"初创企业合伙人人品和性格都很重要。即使你设计的股权结构再完美，甚至照搬成功企业的股权架构，但如果你找的合伙人人格不太健全、格局不高、气度不大，有限的创业精力会大量耗费在合伙人关系处理上。"

"创业团队中被激发的负面反应和情绪，作为一个成熟的创业者应该控制在一定的影响范围内。"

"对于财务上顶尖、市场上顶尖或者技术上顶尖的人，你可以考虑给他足够的自由权和更多的利益，慎重考虑用股份的方式联结。"

要看朱教授与马琳琳之间的精彩访谈，请扫描下方二维码。

**学以致用**

### 迪赞幼儿园：构建合伙关系

2009年9月，正是中小学校和幼儿园开学的日子。迪赞幼儿园创始人杨梅正在紧锣密鼓地筹建她谋划已久的幼儿园。为了开设这个幼儿园，杨梅不仅停掉了经营情况尚好的儿童服装店生意，甚至说服家人卖掉了家里的一套房子，筹措了开园所需要的资金。现在，场地已经租下，业务方案已经规划好，剩下的就是建立一支专业的团队了。

作为两个孩子的妈妈，杨梅有过养育孩子的经验，再加上作为一个学建筑出身的资深工程师，以前有运营童装店的经验，她有把握把幼儿园的运营做好。但幼儿教育毕竟是一个专业的领域，自己并没有从事公共教育的经验，她觉得还是邀请一位与自己理念相近、有幼教经验和声誉的专家加入，与自己组成一个团队更加合适。

这样的人是有的。两年前，她曾经帮助过自己颇为欣赏的幼教教师王欣然成功地开办了一个家庭幼儿园，这个家庭幼儿园尽管规模不大，但至今运作良好，在家长中有不错的口碑。而这位王老师，对杨梅建立一个更大的幼儿园的想法极为赞成，也明确表达了参与的意向。杨梅需要考虑的是，如何在两个创始人之间进行股权分配，能够构建一个合理、持久的合作伙伴关系，并真正把两个人凝成一个创业的最佳组合？

**杨梅其人**

杨梅出生于东北，在天津大学接受了本科教育，专业是建筑设计。大学毕业后，她按部就班地先在建筑设计院和建筑设计事务所从事了8年的建筑设计工作，后来又在一家著名的房地产公司从事了两年设计管理的工作。2004年，她有了第一个孩子。在养育孩子的过程中，她逐渐对幼儿教育理论有了初步认识与体验，并发现自己开始爱上幼儿教育这个行业。她在家里安心养育小孩的同时，琢磨着做一点与儿童相关的事情。杨梅的第一个与儿童相关的创业项目是2007年在自己居住的回龙观小区先后开设了3家童装店。童装店的竞争很激烈，但杨梅凭着愿意吃苦、乐于学习的精神硬是兼职让她的童装店运营良好。

**结识王欣然**

在儿子两岁多需要考虑入托的时候，杨梅就开始了解周围幼儿园的状况并比较优劣。这个过程中，她结识了有5年幼教经验的王欣然。王欣然跟杨梅一样，也是东北人，毕业于哈尔滨师范大学学前教育专业，是著名幼教品牌蒙台梭利高级教师，一直致力于探究将蒙台梭利教育与现代中国教育需求相结合，撰写了一批关于蒙台梭利教育研究的文章，如《蒙台梭利教育中国化》丛书等。

2006年，王欣然在回龙观地区的另一个大型社区开办了家庭幼儿园。所谓家庭幼儿园，就是利用居民单元住宅，开设小规模（10~20名儿童）的婴幼儿托幼服务。王欣然恰好找到杨梅做幼儿园的设计装修工作，因为热爱教育事业，而且自己的孩子也到了上幼儿园的年龄，杨梅就在合作的过程中不断与王欣然交流。在这期间，杨梅发现自己不仅学到了许多幼教方面的知识，也了解了幼教行业。特别地，她觉得自己和王欣然在培养孩子的理念上相互认同。她在想，自己将来从事幼教工作时，王欣然会是一个很好的合作伙伴。

**清华女性创业项目**

2009年3月，杨梅申请了中国女性创业课程项目。在女性创业课程项目里，杨梅遇到了一批对儿童事业有兴趣的志同道合者。她们有的是电视台幼儿教学节目的编导，也有一些专门从事幼儿教育的专业人士，其中有的已经开办了自己的幼儿园。这些人与杨梅一样，对婴幼儿事业十分热爱，也看到了中国人口结构变化中所孕育的幼儿教育的历史性机会。她们几个人组成了一个小组，在教授的指导下，开发了"惠佳托幼商业计划书"。在女性创业项目最后的商业计划书展示环节，这个商业计划得到了来自学术界、企业界和投资界嘉宾的一致好评。对杨梅来说，通过这个商业计划书项目，她进一步仔细审视了托幼教育的商业模式，而且借此机会对自己所在社区回龙观附近的人口和家庭构成做了详细的分析。最后杨梅得出结论：在回龙观附近，开设一个有特色、家长放心的幼儿园，有着巨大的社会价值和商业潜力。

**准备开始**

在申请女性创业项目的同时，杨梅做了自己职业生涯的一个重要决定：辞去了房地产公司的全职工作，一边学习，一边打理自己的童装店，同时考虑自己开设一家幼儿园。2009年8月，杨梅租下了回龙观矩阵小区的一间底商，建筑面积1 200平方米，准备在那里建设自己的迪赞幼儿教育中心。中心主要由三部分组成：日托中心、亲子中心、培训中心。三部分相对独立又互相依托，业务组成比例大致为50%、30%和20%。按照杨梅的运营计划，9月份完成装修，10月中旬教师、设备设施到位，10月下旬推广招生，11月正式开园。

回龙观位于北京市北部，距离市中心大约20公里。随着北京市城市化进程的加快，从2000年开始，这里逐渐形成了北京市最大的居住社区。该社区有居民约35万人口，其中32岁以下人口占68%，两三人家庭占家庭总数的65%，是一个以中青年生育人群为主体的超大型社区。社区的另一个特点是社区文化层次高且以双职工家庭为主，大专以上学历的人口占64%，小区中家庭人均收入高于每月4 000元的约占15%。在这样一个以育龄人口为主、文化层次较高、购买力较强的社区，近年来新生儿逐年增加。当地卫生部门提供的数据显示，目前该小区学龄前儿童有7 000多人，且处于逐年增加的过程中。但整个社区托幼资源极为缺乏：没有一家公办幼儿园，现有的7家私立幼儿园规模都不大，且远远不能满足需求，社区网络上到处是年轻父母讨论如何解决孩子入托、入园问题的帖子。

**现在的问题**

杨梅是迪赞儿童教育中心的主要发起人和出资人，由于她主要的专长在于商业运作，因此她希望一位有经验的幼教专家加入，共同创立这个教育中心。她与王欣然进行了初步的接触，王欣然对此也十分感兴趣。两人初步商量的结果是在前期投入的60万元中，杨梅出资50万元，王欣然出资10万元，但中心装修等前期的支出都由杨梅垫付。

另外，由于王欣然的家庭幼儿园在社区已经成熟运营了好几年，在当地有很好的口碑。王欣然希望能让她保持自己的幼儿园独立地正常运转，不纳入迪赞的体系，这样的话，也能为王欣然提供稳定收入来源，免除其后顾之忧。杨梅考虑之后，对此也表示同意。

王欣然也很高兴自己有机会参与更大的幼儿教育中心的创建。由于杨梅对王欣然的教育理念和经验十分认可，经过考虑，杨梅决定多出让部分股权给王欣然，杨梅占65%，王欣然占35%。王欣然对此十分高兴也十分期待。不过，杨梅与周围要好的人谈过此事，一部分人认为杨梅太大方了，给王欣然的股份太多。他们提出的理由是，目前在中国的幼儿园中，不乏学前教育专家参与创立幼儿园的先例，但大多以技术入股的形式进行，多数股权比例在5%以下。极少的例外，是国内最资深的幼教专家，全职参与幼儿园的创建，股权比例也不过10%。他们质疑，与此相对照，王欣然尽管有创办家庭园的经验，但毕竟不是行业中数一数二的专家，为什么要如此高的股权比例？

这么一来，杨梅心里有点打鼓了：一方面她希望通过多出让一些股份，吸引王欣然的加入，构建一个稳定的合伙关系；另一方面，她又不知道合理的界限究竟在哪里。如果将来有一个人退出，她和王欣然的股权应该怎么变化？如果将来引进外部资金，她和王欣然的股权是不是仍然按照65:35稀释？尽管这不是眼前这个阶段的问题，还是有人提醒杨梅要未雨绸缪。杨梅自己没有过组建公司的经历，对此没有一点概念。现在到底应该怎么办？

**请思考**

1. 合伙人双方对这个商业实体的贡献分别是什么?

2. 合伙人双方的风险成本一样吗?如果不一样,会如何反映到将来对这个商业实体的态度上?

3. 如果你是杨梅,你是坚持原来的股权分配方案还是重新设计?

4. 根据你的理解,请帮助杨梅完善她的股权分配方案。

# 第3章
# 商业机会识别与评估

【核心要领】
- 掌握机会识别和判断的方法。
- 了解创业机会的来源。
- 了解团队创意的搜寻途径。
- 掌握评估创业机会的目的和方法。

## 他山之石

1973 年的比尔·盖茨和中学同学艾伦对计算机及编程很感兴趣。

比尔·盖茨对电脑爱好者使用软件却不付费十分恼火。

IBM 决定远离总部成立微型计算机的研发小队。

IBM 的山姆找到了比尔·盖茨畅谈未来合作的可能性。

## 微软帝国的开启

比尔·盖茨以1万美元的价格买下QDOS。

比尔·盖茨卓越的商业头脑在投标谈判中彰显无疑。

微软把操作系统同时卖给与IBM竞争的50多家厂商。

比尔·盖茨的远见和独特的商业设计成就了微软在计算机领域的领先地位!

微软的创始人比尔·盖茨多年蝉联世界富豪榜榜首。微软公司的核心产品 Windows 操作系统、IE 浏览器以及 Office 办公软件等，几乎是我们日常工作生活的必需品。但早期奠定它在计算机领域江湖地位的是磁盘操作系统（DOS）[⊖]。微软当年凭借 DOS 搭上巨无霸 IBM，开始了它辉煌的商业生涯。而耐人寻味的是，这个发家产品并不是微软自己发明的。

微软的创始人比尔·盖茨从小数学就非常好。1973 年他在哈佛大学念书时期和中学同学艾伦都对计算机编程很感兴趣。他们认定随着电子技术的发展，计算机会在每个家庭得到普及。计算机相关领域存在大量的商业机会。他们曾尝试过很多项目，如交通信息数据的录入，开发先进的计算机程序语言等。1976 年，盖茨和艾伦注册了微软商标，微软即小型软件。这一年，他们设计的 BASIC 语言[⊖]获得广泛传播，风靡所有的软件爱好者。可当时软件爱好者们在使用软件时并不

会向比尔·盖茨付费。比尔·盖茨对于这种免费使用的现状非常恼火，曾发表了一封公开信谴责这种损害知识产权的做法，仍无济于事。虽然他的举动让他在软件界名声更大，但还是没有解决收入问题。

图 3-1　盖茨与艾伦年轻时的合影

1980 年，他们将公司搬到西雅图。经过 5 年的发展，微软凭借小型软件的销售年收入已达 800 万美元，共有员工 38 人。这个小企业已经经营得相当不错了，可他们依然没有找到一个将来能在行业内产生重大影响的商业机会。

直到 7 月的一天，微软接到商业巨头 IBM 的电话。IBM 是当时计算机行业的业界翘楚。这个蓝色巨人当年销售收入达 260 亿美元，员

---

⊖ DOS 是英文 Disk Operating System 的缩写，意为"磁盘操作系统"。DOS 是一种面向磁盘的系统软件，是人给机器下达命令的集合，是存储在机器硬件里的命令集。
⊖ BASIC 是英文 Beginners' All-purpose Symbolic Instruction Code 的缩写。意为"初学者通用符号指令代码"，是一种设计给初学者使用的程序设计语言。

工有42.5万人,主要生产由很多复杂的元件构成的大型计算机,其体积大约有一间屋子那么大。当时的大型机需求量小,价格极为高昂,使用者主要是大型企业和政府部门,如美国气象局等。

微软和IBM一大一小两个公司本来是不会产生交集的,那为什么IBM会突然对年销售收入只有800万美元的小公司感兴趣呢?这跟当时计算机行业的变革有关。20世纪70年代中期,随着技术的演进,有人开始尝试为个人和家庭生产小型计算机。乔布斯就是第一个吃螃蟹的人,他的苹果电脑1976年首次推出,虽然样子丑陋,但竟然一下子卖出了200台。第二年乔布斯毫不理会行业专家的质疑推出了苹果Ⅱ,没想到大卖10万台。这时,IBM看到了个人计算机的蓬勃发展趋势,不甘落后也打算进军个人微型计算机市场。IBM这样的大象自然比不过苹果这样的小公司快速和灵活。他们内部试验两次均以失败告终。一直拖到1980年,个人计算机市场飞速发展,IBM万般无奈之下决定成立一支独立的小分队远离公司总部的干扰,到佛罗里达封闭开发IBM的微型计算机。总部给小分队下达了一条死命令:一年之内必须开发出IBM品牌的微型计算机!

要在这么短的时间内完成计划,他们想到了一个突破常规的主意,他们决定只设计计算机的总线和架构,然后把凡是别人能够开发的硬件和软件都分包出去。于是,他们四处寻找可以合作的开发商,在软件这部分,他们听说微软的编译语言做得不错,所以才有了IBM给微软的邀约电话。

1980年7月,IBM公司52岁的资深工程师山姆打电话约见比尔·盖茨详谈。第二天,西装革履的山姆到了一个不起眼的办公楼与迎接他的卷头发、穿着牛仔裤和T恤衫的比尔·盖茨坐在那里开始畅谈未来合作的可能性。

山姆提了两点需求:微软为IBM开发适应性的BASIC语言和磁盘操作系统。盖茨一听眼睛顿时亮了,说道:"BASIC没问题,操作系统我给你介绍在加利福尼亚州的好友肯德,他是个计算机天才,他的Digital Research公司研发的CPM操作系统是业界最好的。"

山姆立刻转身飞去见肯德。谁知他们两人谈崩了。问题出在保密条款上。山姆去跟肯德谈判前,要签订一个保密条款:不经IBM的同意不能对外公布任何细节。此外,如果双方没有达成共同意向的话，会谈的内容也需要高度保密，不得对外透露双方曾见面这一事实。签署之后双方才能进入细节谈判。肯德觉得这些保密条款不公平，拒绝签署保密协议，所以双方没有合作的可能性。

山姆把消息告诉了比尔·盖茨，比尔·盖茨非常诧异和失望。比尔·盖茨仍然希望做 IBM 的编译语言软件供应商。可 IBM 不答应了，山姆不愿意逐个去谈保密协议，他告诉比尔·盖茨，如果不是操作系统和编译语言捆绑着一起提供，这个项目就取消了。

比尔·盖茨和艾伦傻眼了，他们自身也研发不了操作系统。正当他们为这份大订单焦头烂额之际，艾伦在离微软公司半小时车程的一个地方找到了一家名叫西雅图计算机产品（Seattle Computer Products）的公司。他们在过去的 4 个月内刚开发了一个操作系统 Quick and Dirty Operating System（QDOS），但因为开发非常快，既不完善也不成熟。这家公司有两个创始人：一个人叫布鲁克，是房地产销售商出身；另一个是精通技术的毛头小子，并不擅长市场营销，一直没有为这个新开发的操作系统找到买家。艾伦跑去询价，布鲁克好不容易逮住一个自己撞上门的买家，狮子大开口，要价 1 万美元。盖茨和艾伦没有丝毫犹豫，立马决定买下 QDOS，并将其与自己开发的编译语言捆绑在一起，去和 IBM 签约。

微软参与了 IBM 的投标。比尔·盖茨卓越的商业头脑在这次投标谈判中彰显无遗，他提出两点要求：①微软全力配合 IBM 的计算机研发，将派驻最强的团队全程投入开发，直到与 IBM 的需求完美适配；② IBM 本来预期微软会为整个软件系统要价 100 万美元，但微软只要 40 万美元，条件是：IBM 每卖出一台带有微软系统和软件的计算机需要支付 1 美元软件使用费，同时不得限制微软将系统和软件转卖给第三方。

IBM 当时估计，市场总容量应该是两三百万台，IBM 不曾想到微型计算机的销量会有一天达到天文数字。当时市场标杆苹果电脑一年也才销售 10 万台。所以对 IBM 而言，价格一次性少了 60 万美元，每台电脑仅 1 美元的使用费，IBM 觉得很合算，因此微软轻松中标了。

订单确定后，微软的团队成员夜以继日地为 IBM 开发编译语言，甚至派了小分队远赴佛罗里达协助 IBM 研发。1981 年，比尔·盖茨又回头找到西雅图计算机产品公司，愿意再多出 4 万美元一次性买断 QDOS 的版权，微软可以在现有版本的基础上继续修改售卖，而西雅图计算机产品公司则只能免费使用，无权再卖。布鲁克隐约猜到比尔·盖茨这么做，背后可能是跟 IBM 在合作，但微软是他们的第一位客户，现在又开出了如此诱人的价格，再加上自己并不具备市场拓展的能力，业界当时也并不看好 IBM 做个人计算机的能力。思前想后，布鲁克还是答应了微软的购买请求。

一年后，IBM 推出了自己的个人计算机 IBM-PC，当时每台的售价在 2 000 美元左右，其中对于搭载了微软操作系统的计算机他们额外加收 40 美元，再转手支付 1 美元给微软。IBM 的计算机一经推出便获得了市场的追捧，由此 IBM 奠定了自己在个人计算机上的领袖地位。IBM 的成功也带动了众多竞争者进入个人计算机领域，微软除了把自己的操作系统卖给 IBM 外，还卖给与 IBM 相竞争的 50 多家厂商。而微软通过与 IBM 创造性的合作成了软件行业当之无愧的翘楚。当全世界几乎所有的电脑都装载着微软的操作系统，而全世界几乎所有的程序员都学习微软的语言并基于微软

系统编译软件时，微软就在信息技术产业的源头控制了整个产业。它也可以据此捆绑 IE 浏览器等，这是后话了。

从微软的案例我们可以看到创始人的战略眼光对公司发展至关重要。微软的成功来自比尔·盖茨和艾伦对大趋势的把握。他们在大学时就坚信个人计算机未来将得到极大的发展。当他们看到 IBM 的订单咨询时，他们立刻意识到时机来了。微软的成功也是两位创始人凭努力奋斗赢得的。比尔·盖茨和艾伦如果不是在软件行业内成为人人传颂的人物，IBM 也不可能找到微软这样的小公司作为供应商。同时，如果他们不是在业界很有人脉、信息，也难以找到西雅图计算机产品公司提供操作软件。

机会只青睐有准备的人。微软的成功更归功于比尔·盖茨的远见和独特的商业设计，成就了微软在计算机领域的领先地位，连硬件的更新换代都不得不参照微软的步调。而 DOS 的真正创造者拥有顶尖技术、优秀产品，却因为没有对机会很好地把握而被踢出局，让人唏嘘不已。

## 何为创业机会

作为一名创业者,敏锐的机会意识非常重要。商业机会是在一系列有利的环境条件下孕育出对产品、服务或者业务的新需求。换句话说,商业机会是在一定的环境下能长出新事业的种子。那什么样的机会适合一个新创企业将之发展成为商业呢?我们需要先明确商业机会有哪些显著特点。

首先,商业机会具有吸引力。在特定的环境条件下它足以吸引其他各个方面的资源来支持配合它。其次,商业机会发生在特定的时点。微软的案例,如果不是在20世纪70年代末,存储机技术发展到一定阶段,人们可以把大量电子元器件集成到一个可以放在桌面上的计算机里,微软的商业神话也不会发生。因此,微软的故事只能是在市场和技术到达一定水平的情况下诞生。再次,商业机会除了发生的特定时点外,还有持续的有效时间长度,即机会窗口。在这个延续的时长阶段内开展这项事业是商业机会,但过了这个村就没这个店了。比如,如果你现在再去投资一家传统的钢铁生产企业基本上就不会再有机会了。最后,商业机会本身一定是跟某一类特定的产品、服务或者新业务的发展有关。也就是说,你可以用一个确切的产品或者服务来抓住和利用这个机会。

了解了商业机会的特征,具体到灵光乍现,一个"机会"浮现在你脑海中时,如何判断它究竟是不是一个值得深耕的商业机会呢?筛选方法和检验条件是什么?下述四个问题如果你可以逐一设问寻求答案,便自然得知这是不是一个真实的商业机会了。

首先,用某种具体的产品或者服务进入市场是可能的。所有的商业机会都可以落实到产品或者服务,如果你都没法设计出一个产品或者服务进入市场,那充其量还只是一个点子。

其次,当追随者涌入市场时你还有相对竞争优势。你的成功就是给竞争对手最好的邀请函,当竞争对手都虎视眈眈,侵入你的市场领域时,你的优势是否不容易被轻易撼动?

再次,有可观的经济回报。商业追求有利可图,当回报太低或者短时间很难见到清晰的赢利模式时,可能这项事业就不值得你冒险。

最后,机会窗口已打开。为什么一个商业机会的时间点和机会窗口持续长度那么重要?市场上任何一个产品或者服务随着时间的长度在整个社会扩散的过程都会类似一条 S 曲线,产品和市场的发展会先后经历孕育期、成长期、高速成长期、成熟期。那所谓的机会窗口往往处于孕育期到成长期的过渡阶段,这个阶段也称为市场起飞点。你进入的最好时机就是在起飞点附近。如果太早进入,市场还没成熟,你花费了大量的人力、物力培育了市场,为他人做了嫁衣;如果太晚进入,先进入者的体量已经很大了,你的竞争环境会特别恶劣,这片红海已经很难再给新创企业机会了。在合适的窗口进入,你就是占领市场,但在成熟期进入,你就得从竞争者口中抢夺市场了。

需要说明的是,虽然单个商业机会的进入时点非常重要,但对于一个产业来讲,无论该产业处于哪一个发展阶段,它都有机会,只是说在产业发展的不同阶段,你的机会所在的位置和你所提供的产品服务理念应该不一样。作为创业者要在实践中慢慢去设计、去试验。我们从微软的案例看到,商业机会不仅是环境条件的一系列变化所导致的,也是你通过自己的努力创造和建立的。这个过程靠的是你的能动性。这里的能动性包括你过去的积累,以及你在面临环境条件变化时的智慧和创造性。在发现并确定这个机会之前,首先应该识别这个社会和市场环境的变化。机会诞生于变化之中。变化孕育着机会,而商业机会则来源于三个方面:一是社会的变迁;二是社会中未被解决的问题;三是市场中的缺口(见图 3-2)。

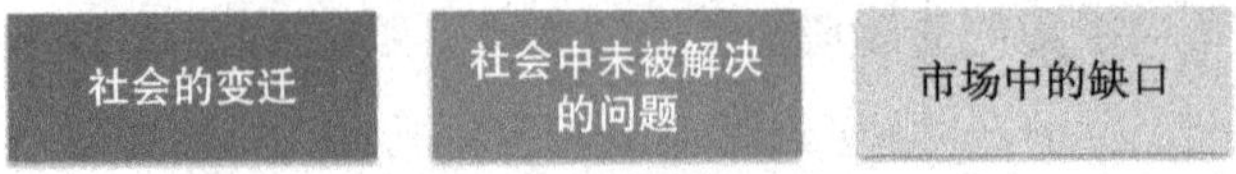

| 社会的变迁 | 社会中未被解决的问题 | 市场中的缺口 |

图 3-2　商业机会的来源

## 社会变迁创造机会

我们每个人都生活在社会的生态系统中。这个系统的经济结构、产业结构、技术系统以及政策和管制环境的变化，都将会打破原有生态系统的平衡，并构建新的平衡。在偏离原有结构的过程中就会出现新的商业机会。

**社会经济结构的变革**。随着经济结构的变化，居民可支配收入增长带来人们消费结构的变化。通俗地讲，消费结构就是把钱花在了什么方面。人们对物质文化生活水平的需求越来越强烈，因此影院、剧院、咖啡厅、旅游等产品变得越来越丰富。又比如，我国是崇尚黄金的国度，传统的女士饰品都爱使用黄金、铂金、银等昂贵的金属来制造。这是因为人们在购买时除了有炫耀性心理外，还期望保值增值。但那些饰品单价高，审美和装饰的价值偏弱。有位学生看中了越来越多的白领更倾向于购买漂亮易搭配的首饰这一需求，专门设计生产轻奢侈类的配饰。这个创业机会的背后就是经济发展水平的变化带来的新的商业机会。

社会经济结构的变迁还包括人口结构的变化。比如，80后、90后这一代人大部分是独生子女，因此在整个社会的家庭结构中，两个成人加四个老人养一个孩子，他们更愿意为孩子的成长创造更多、更好的条件，因此在服务业中伴随着独生子女婴儿潮就出现了大量商业机会，如婴儿车、儿童早教等。社会结构还有一个重要的变化是人口的区域聚集带来的变化。比如，大量的年轻人开始聚集在北上广等一线城市，这种人口聚集会产生很多新的机会。比如，流动人口租房就是刚性需求，而这一波汇集北上广的年轻人中很大一部分是学历、收入水平都较高的一群人，他们对住房品质的要求自然也高。现在已经有好几家大型公司瞄准了其中巨大的发展机会，结合现有的信息技术为这些流动人口提供舒适的住宅，甚至是房子的管家服务。

**产业结构的变革**。20世纪80年代的中国还是一个农业大国，8亿农民还得从地里刨食。而现在新型城镇化进程在加快，工业和服务业的比重在增加，以前在农村生活的人逐渐转移到城市中来，这样的转移也会产生很多机会。产业结构的变化中还有新型工业化，由原来大规模的重工业化逐步走向跟信息技术结合的新型工业化，如机器人技术的推广应用等。此外随着全球化浪潮袭来，中国作为经济发展迅速、对外交往合作日益频繁的国家，越来越深入地参与全球化的洪流中。因此在与外部世界的交流中就会产生很多新的机会，如社会上出现的组织出国游学的公司、汉语教育等。

**技术的变革**。在第一波创业浪潮中，像柳传志这样的创业者就是抓住了计算机技术的进步所带来的家用电脑的普及这一技术机会。包括联想、方正、TCL在内的计算机厂商当时都是基于这一机会获得了快速发展。最近，特别热门的基于基因的技术也带来了新的商业机会。以前对于癌症的研究多是专注于治疗阶段，只有等到癌细胞病变了才能通过诸如化疗或者放疗的办法进行治疗。而新兴技术能够在癌变发生前通过检测平常的基因来计算得病概率。它可能在未来的疾病管理领域带来许多新的机会。除了新兴技术外，新技术和传统产业机构、原有生活方式的结合也有可能会产生广泛的影响。最典型的就是O2O（online to offline）。它运用移动互联技术在传统餐饮、医疗、物流等行业建立新的机会。

**政策和管制环境的变革**。任何一个消费者、社群或产业都存在于整个社会的管制环境中。政治制度、法律制度、产业政策等的任何改变都可能释放出新的机会。比如，随着我们对环境的日益关注，环境保护的相关监控政策越来越严，实施起来也越来越到位。这为那些有环境保护技术和环境监测技术的人提供了很多的新机会。再比如在大众创业的宏观环境下，各个领域的创业活动都在蓬勃开展，这对于为那些帮助创业者进行工商登记和注册域名的公司提供了更多的机会。还有随着新的生育制度的放开，未来保姆和育婴市场需求将大幅增加，这也为一些创业者带去了新的机会。

总之，深入到经济结构层面、产业结构层面、技术层面以及政策和管制层面的社会变迁，每个重要变化都有可能打破原来社会结构的平衡。不平衡状态的出现就会出现产品或者服务的新空缺，可能使原来没有商业价值的机会变得有价值，机会窗口就会被打开（见图3-3）。

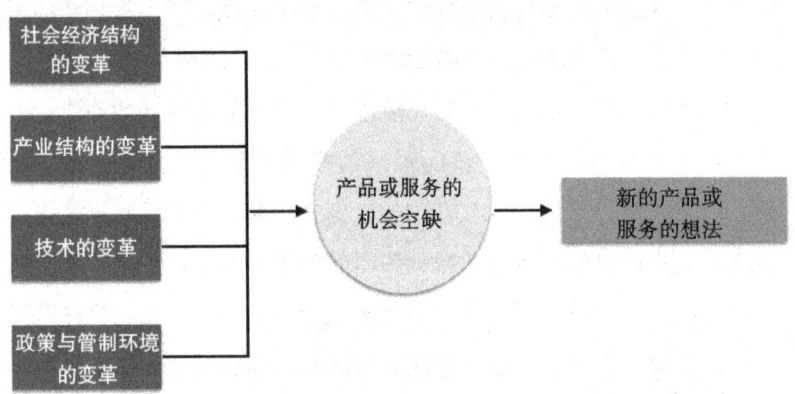

图3-3  社会变迁带来新机会

## 未被开垦的处女地

创业者总是能发现别人没有发现的问题，让那些问题成为自己的商业机会。比如，以前人人都有排队缴水电费的经历，有一家公司拉卡拉就立志帮助人们实现快速便捷的缴费，减少排队时间。它通过在一些便利店安装设备，让客户在买一瓶水的空隙就顺手把费缴了，解决了人们生活中长期未解决的问题。再比如现在大家都习惯网购，可是有时候包裹到家恰逢家里没人。现在就有公司创新地开发了一项业务，在小区设置一个快递盒子，用户通过手机短信就能在方便的时候随时取回自己的包裹。

解决生活中的问题往往很容易获得用户的认可。只是一般人也能发现那些存在的问题，但无非就是忍受。而创业者是看到机会后能千方百计地解决问题。如果做个生活中的有心人，就可以发现社会上类似的未被解决的问题还有很多，如看病难、读书难、办事难，每个难题背后都孕育着给未来有雄心的创业者的一些商业机会，让创业者通过解决社会的痛点成就自己的事业。

还有一大类商业机会来源于市场缺口。那片未被开垦的处女地因为种种因素等待着有心人去挖掘。这样的市场缺口的存在可能是由以下三个方面的原因造成。

**市场供与需的不匹配**。例如，市场某个时点的需求非常大，但是供给不足，这样就会出现很大的机会。改革开放初期，产品供给受国家管控导致供应不足。做电视起家的长虹就是基于市场中未被满足的需求引进生产线来满足供需缺口。

**特定人群被忽视的需要**。比如，出国留学咨询很早就开始有机构做了，俞敏洪、徐小平都做得非常成熟了，有学生就发现出国留学咨询机构都是针对普通的学生，还有一群特殊的留学生是学艺术的，他们的特殊需求是没有被照顾到的，于是就发现了一个新的创业机会：艺术留学咨询服务。市场中用户的需求千差万别，能够识别出一部分真实而未被满足的需求也将获得发展机会。

**产品的跨界流动需求**。还有一类市场缺口是原本本国没有，但已经在其他国家或区域存在，而你促进了它的跨区域流动。比如随着中国中产阶级的崛起，家用轿车已走入寻常百姓家。年轻父母对于小孩的安全意识也在加深，因此儿童安全座椅就有了市场。在国外，儿童安全座椅已经是家家户户必备的日用品，但在中国却没有使用安全座椅的习惯。现在这个市场有了需求，有些创业者开始做起了海外代购，促成产品从国外向国内流动。

### 缘何你看不见创业机会

既然新的需求层出不穷，那为什么有人能发现，有人没有察觉呢？这就是创业者和普通人一个非常大的差异——识别商业机会的能力。这种差异来源于既往经验、认知模式、社会网络和个体创造性。这四个方面的差异会使得创业者和普通人对于创业机会的把握和认知截然不同。

**既往经验**。既往经验有助于创业者理解某个行业中真实的、未被满足的市场需求。深入到一个产业工作，才容易发现外行不易察觉的机会。猿题库的创始人李勇原先在传统媒体里工作，然后进入互联网媒体网易从事编辑工作，接着去创立了一个教育行业的互联网社区——粉笔网，在这个过程中他发现学生最强烈的需求是怎么样通过练习来提高成绩。于是他做了一个"刷题利器"——猿题库。

既往经验还间接地提供了一个行业内部的社会网络，这个网络能让创业者感知到新的机会，他的灵感不一定是直接从消费者身上得到的，也可能来源于供应商、经销商等。他们在社会网络中与各种各样的人接触，获得各种信息，在信息收集和整理的过程中就能发现商业机会。携程的季琦决定进入旅游电子商务的主意就是在跟他共事的供应商梁建章闲聊时聊出的灵感。

**认知模式**。创业者的认知模式也就是所谓的识别机会的第六感觉、商业嗅觉。它往往不需要系统地搜索和整理，仅仅是某件偶发事件就能启发他们感知到商业机会的存在。这种商业嗅觉可能跟天生的某种特征有关，但更大程度上是习得性的技能，人与人的商业嗅觉差异非常大，是难以替代和训练的。

**社会网络**。那些在社会活动中很活跃的人，跟各式各样的人接触，广泛获取各种信息，然后再对信息进行整理，诞生一些新的商业创意。往往社交网络圈大且特别喜欢和别人打交道的人嗅到商业机会的概率更大。

**个体创造性**。个体的创造性是创业者产生商业创意的重要来源。创造性就是产生一个完全不同的新想法、新主意的过程。机会的识别在很大程度上是一个重新创造、提炼的过程。在微软的案例中，比尔·盖茨不是一次性地将BASIC语言和操作系统卖给IBM，而是每卖一个提一点"小钱"。当时谁也预料不到这在未来将会成为巨大的一笔收入，源源不断地为微软带去效益。这就是比尔·盖茨通过创造性的思维改变了微软的赢利模式，把一个单笔生意变成了一项可长期持续发展的业务，这就是创造性。

创业者通过既往经验、认知模式，或从社会网络中碰撞出灵感，运用个体的创造性思维形成了新的商业创意。一个创意从无意识出现到最终形成往往要经历准备、酝酿、纠结与突破、评估和阐述五个阶段。其中纠结与突破是最关键、最煎熬的阶段，创始人要在内心反复琢磨、推演，找到解决方案。曾有投资人评价雷军：他碰到一个好主意，整天整夜睡不着觉。商业案例中那种一蹴而就、瞬间完成的机会识别都是错觉，在现实生活中它都是反复筛选、转化的结果。

## 创意收集方法

假设你现在脑子里已经闪现出一个想法了，你需要思考是否能够凝练出一个可实施的主意。这个过程需要多角度评判，需要在创业团队小伙伴的集思广益中形成。有几个常用的方法常被创业团队用来凝练机会。

**头脑风暴**。俗话说，"三个臭皮匠赛过诸葛亮"。团队成员凑在一起，每次头脑风暴都只能聚焦一个问题，一事一议，天马行空地激发出疯狂的、新鲜的甚至不靠谱的念头。头脑风暴是有聚焦的混乱状态，它鼓励幻想，延缓批判，营造一个完全自由的讨论空间。很多创意是要相互刺激、补充、启发才能发酵出更具有价值的想法。同时，头脑风暴的方式将每个团队伙伴都卷入对公司共同事项的思考，也是积累团队凝聚力的一种方式。

**焦点小组**。焦点小组是有主题、无结构的讨论会。它的参与主体通常是代表顾客观点的试验者、被调查者，创业团队通过旁观和引导被试者的讨论，来了解和收集客户对产品或服务的真实感受。

**信息搜索**。这是常用的通过图书馆或者互联网搜索信息，获得启发。现在处于信息过载的时代，关于产品的、技术的等大量信息充斥在书籍和网络里。大家将搜寻到的信息再汇集在一起进行讨论，往往能碰撞出新的火花。

**追踪观察**。有些制造业企业会跟踪大量潜在客户的习惯，记录他们的行为、反应、挫折以及解决方案，这种方法在日本尤为常见。随着大数据技术的发展，运用带有传感器的信息终端今后将替代人工的追踪，远程大样本收集用户使用产品的场景，从而产生新的创意。

## 给机会前景打个分

在通过各种方式得到团队的创意以后，接着我们需要对这些创意从创业的角度进行评估。所谓商业机会评估，针对的不是机会本身，而是基于某一个商业机会的新产品或新服务进行早期评估，避免将资源投入在不靠谱的商业概念上。

市场中的机会包罗万象，但不是每一个机会都值得花时间和金钱去追寻。由于市场需求的限制、技术水平的限制，这些潜在的机会中还有一部分需要剔除，剩下的是可行的机会。如果再加上资源条件的限制和团队的特质，这个可行的商业机会又会变小一圈成为可实现的机会。商业机会的评估就是概要性地扫描可实现商业机会下的产品好不好，市场对不对，团队配不配和财务赚不赚（见图3-4）。

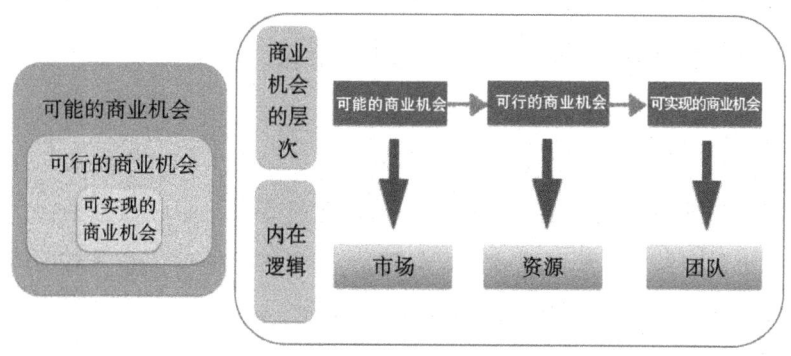

图3-4 商业机会评估模型

**产品好不好**。评估产品好不好的目的是测试产品在目标市场是不是有可行性，它既要评估产品本身对单一的顾客有没有可行性，换句话说单个顾客是不是觉得产品值得购买，又要预测整个市场中像这样热切的顾客是否够一定的规模。产品本身可行性的核心是看你为潜在客户带去的真正价值高低，是不是超预期产品。同时要思考产品是不是合适的进入时期，有没有明显的漏洞。对于创新的产品，一定要追问为什么以前没有人做？是都不如你聪明没想到，还是在以前某些方面的条件不成熟做不出来。评估完产品本身，还需要评估客户规模、购买频次，看看是否值得当作事业去耕耘。

**市场对不对**。它的核心是你的产品所在的行业和市场对各方资源的吸引力是否足够大。行业和市场是从两个不同的角度描述了你的产业状况，行业是由一系列的供给商构成，市场是由一系列需求者或者消费者构成。你要做的是将某个产品引入一个行业，瞄准你的目标市场，需要考量这两方面是不是都有吸引力。你想进入哪个行业相当于选择哪些人做你的竞争对手。你在选择目标市场时往往面临两难境地：选择的市场范围太大，你的产品会被湮没，或者遭到竞争对手的攻击；选择的市场太小，客户数量又太少，不容易做出规模来。一般而言，适合创业公司生存和发展的行业都有这样的特征：①整个行业处于发展的早期阶段，行业中玩家不多，规模也不大；②市场需求是刚性的。在这样的领域，客户无非是需要你的产品还是竞争对手的产品。

一旦进入一个行业，你需要选定一个目标市场。在创业初期时，创业者不要试图让自己的产品适应所有人，而应该选择一个细分的市场满足他们的需求。实际上，市场的选择也面临两难的困境：如果选择的市场太宽，你的产品容易没有特色，并招致竞争对手各个角度的攻击；如果选择的市场太窄，又不容易形成规模效应，发展空间有限。对于那些全新的产品，更是不能指望通过通常的调查方法找到一个可供参考的市场范围。乔布斯推出 iPod 的时候，没有人会想到这个音乐播放器能重写整个唱片市场。这就是创业者的远见创造了一个新的市场，不再是从现有市场中分得一杯羹。

**团队配不配**。即使产品好，市场对，你还得思考你的团队具不具备做成这个事业的能力。首先要看团队的核心成员对于创业的领域是否有足够的兴趣、激情和经验。兴趣和激情是一个创业团队不断遭遇困难和挑战时还能继续奋斗的内生动力，而经验并不特指从事相关领域工作的年限，而是对所创业的领域有深刻的见解和洞见。从微软的案例可以看出，肯德和比尔·盖茨都对软件和微机领域有兴趣、激情甚至志向。但差别是比尔·盖茨从一开始就认定每个人拥有台式电脑是发展趋势；如果 IBM 进入微机领域，它可以借 IBM 的东风迅速发展自己的事业。这也是技术专才和商业奇才之间的差异。其次要看团队成员的社会网络能不能整合一些重要的资源，尤其是非财务资源。比如生产汽车安全带，最后产品检验需要做防撞测试。你是否能找到防撞实验室这样的资源来完成测试？再次要看团队的关键人力资源的获取难度。比如你想开发一个 APP 软件或者做电子商务，如果你所在的城市是个三、四线城市，那么你能不能找到开发高质量软件的工程师，这将是面临的现实问题。最后还要看关键员工是否愿意加入。当年携程网如果没有范敏的加入，机票和酒店的业务就很难开展，这也是季琦三顾茅庐邀请范敏加盟的原因。

**财务赚不赚**。商业的目的是赢利，如果财务上不具备可行性，不能赚钱，那就不是一个合适的创业机会。第一方面要考量启动资金需要多少，它是从你公司开始注册一直到把产品卖给客户获得第一笔销售收入时所花的全部资金；第二方面要计算何时能达到盈亏平衡，你需要参考市面上类似业务模式的财务状况，计算每个阶段所需要花费的资金规模；第三方面要评估总体财务前景，整个项目收回投资需要多长时间。是不是经过一段时间的运营能有自我造血的功能？在未来的 5~7 年里是不是能够有稳定的销售收入增长？预期能给投资人带去多丰厚的投资回报？

如果这四方面的问题你都胸有成竹，自然是最好的结果。如果其中有些方面并不十分完美，创业者最好重新去凝练产品概念，或者重新定位机会。

**要点回顾**

- 商业机会是在一系列有利的环境条件下可以孕育出的对于产品、服务或者业务的新需求。
- 商业机会的来源包括社会的变迁、社会问题中未被解决的问题和市场中的缺口。

- 社会变迁的表现形式包括经济结构的变化，社会结构的变化，技术的变革，政策和管制环境的变化。
- 创业者之间识别商业机会的能力差异源于个体的既往经验、认知模式、社会网络和个体创造性。
- 评估商业机会是否合适，可以从四个方面考量：产品好不好，市场对不对，团队配不配，财务赚不赚。

**延伸阅读**

1.《创业学》［美］杰弗里·蒂蒙 著

该书第2章创造、塑造、识别、抓住商机，第3章筛选创业商机细致描述了创业者发现机会、评估机会的原理、方法和技巧。

2.《创新与企业家精神》［美］彼得·德鲁克 著

管理大师的经典之作。书中阐述了如何寻找创新机遇，将创意发展成可行的事业有何原则和禁忌以及如何成功地将一项创新引入市场，赢得市场等。

**创业者说**

李丰珪，北京盖特优才教育咨询公司创始人。

李丰珪本科毕业于清华大学信息管理系。曾就职于中国电信江西分公司，随后进入朋友的留学咨询机构工作。2010年，她留意到中国留学中介和培训市场中的艺术生出国留学这一细分市场存在商机，遂回到北京成立了一家留学教育服务公司专门解决艺术生出国留学的问题。目前，公司在艺术类学生出国留学服务领域已有较大的知名度和市场口碑。

"我是在听到高中同学哭诉DIY国外艺术硕士申请之路多困难，让我意识到这块空白市场存在机会。商业机会往往转瞬即逝，就看你是否有心能抓住；当然如果你本不在这个领域，可能也不能敏感

地意识到什么是机会。"

"作为一家小机构，侵入这个市场（留学），如果也和新东方那些大鳄一样做通科留学，我们资源有限，很难找到一个点可以做出自己的竞争优势，击败他们。"

"如果你认准了商业机会，无论是前期调研还是实际运营，聚焦非常重要，集中资源和能力突破一个点，前期切不可贪心。"

要看朱教授、李丰珪之间的精彩访谈，请扫描下方二维码。

### 学以致用

#### 闻洁和《工商管理经典译丛》⊖

1997年3月23日，天津新港远郊的港城宾馆，一年一度的全国MBA培养院校管理学院院长联席会正在此召开。中国人民大学出版社（以下简称人大出版社）《工商管理经典译丛》的总策划闻洁疲惫不堪地躺在破旧的单人床上，沙发上零散地堆放着几捆未打开包装的图书。

《工商管理经典译丛》是国内第一套系列引进翻译的西方工商管理名著，经过一年多时间的精心策划和运作，该丛书的前两本《管理学》和《市场营销》已上市数月，然而，销售状况未达预想，迟迟打不开的市场留给闻洁和人大出版社的时间和机会越来越少了。能否在这次会议上有所突破至关重要。

---

⊖ 本案例改编自清华大学经济管理学院案例库，原作者徐勇刚。

整个宾馆已被会议承办方包场,会务组不允许闻洁进入会场。闻洁反复思忖着:"300万元的版权费,一年多的心血,难道真的就这么放弃了吗?"泪水不争气地滑落下来……

**闻洁其人**

闻洁于20世纪50年代初出生于西南边陲一个殷实的高干家庭,父母早逝。11岁的闻洁承担起了支撑家庭的重任,带着两个年幼的妹妹生活。1979年,她以云南省高考文科第十名的优异成绩考入中国人民大学工业经济系,毕业后留校做资料管理员。在资料室的几年时间里,闻洁几乎读遍了资料室的经济、管理书籍和文献工作,后被调入中国人民大学出版社做文字编辑。

1992年春,邓小平"南方谈话"后,很快"有中国特色的市场经济"成为热点话题。全国上下掀起一股学习市场经济的热潮。闻洁根据在人大资料室的工作经验,意识到这对出版业是一个好机会。她和她的同事们策划了一套面向大众读者推出经济普及性读物《走向市场经济丛书》。该丛书在出版市场引起轰动,总销量近5万套,1994年、1995年连续两年取得四项全国图书大奖。

1995年年底,人大出版社增加了图书策划室,闻洁被任命为副主任,主要负责商业、管理类图书的策划、选题工作。而这时的图书出版业,正在经历着前所未有的深刻变化。

**中国图书出版业**

改革开放以前,出版行业的发展非常缓慢,图书生产不足,1979年,全国有出版社106家,出版图书17 200种。进入20世纪80年代,政府大力发展出版事业,陆续批准新成立了许多家出版社,到1990年,全国有出版社462家,出版图书约80 000种。

在中国,图书出版业是一个高度政府管制的行业。首先,出版社的成立,必须经过政府的许可;其次,出版社需要有统一书号,才能合法地生产公开出版物,书号由政府分配。

在图书流通领域,政府的管制没有出版领域严格。在计划经济时期，图书的发行由新华书店统一负责。在 20 世纪 80 年代，各个出版社开始建立自己的售书点，到 1991 年高峰时，几乎每个出版社都有自己的销售终端。从 20 世纪 80 年代末开始，政府逐渐放开图书流通领域，允许企业从事图书零售经营，这就是所谓的"二渠道"。到 1996 年，"二渠道"的业务量仅次于新华书店系统，占到图书终端数量的近三成，已经成为一支重要的力量。

"二渠道"的崛起，主要归功于传统主渠道的低效率。主渠道的图书发行方式是：出版社推出新书的样书后，提供给全国各地的新华书店，等各地征订结果汇总后新华书店总店再按照这个汇总结果向出版社下订单。如果一本新书在全国有 3 万册订量，新华书店总店就向出版社订购 3 万册；如果没人订货就不接出版社的这笔生意。这个销售发行过程很漫长，有时候长达半年。新书到读者手中都成"旧"书了。

主渠道的这种发行模式让一些出版社尤其是一些中小社科类出版社难以接受，很多出版社在激烈的竞争压力下，开始大量通过"二渠道"发行和销售图书。

由于出版业的利润比流通业高，20 世纪 90 年代以来，一些"二渠道"的书商开始"打擦边球"，介入出版环节。其基本方式是，他们通过市场调查确定可能热销的图书主题，然后找作者约稿，或组织"枪手"撰写。等书稿出来后，他们找到出版社，商量所谓"合作出版"，拿到书号，获得出版许可。由于"二渠道"更加贴近市场。"二渠道"策划的图书市场成功率都比较高。一方面，民间力量通过各种渠道介入出版环节；另一方面，一些国外出版社看到了中国图书消费的巨大市场，迫切希望进入中国的出版市场。

**中国人民大学出版社**

中国人民大学出版社成立于 1955 年 5 月 4 日，由中国人民大学主办，教育部主管，是国内最早成立的大学出版社。该社的主要任务是为高校出版教材、学术专著、译著等。

像国内其他出版社一样，中国人民大学出版社在20世纪90年代也经历了一个迅速的发展时期，不过，其新出版的图书数量在20世纪90年代初期达到高峰之后，从1994年开始明显下降，图书总印数也一直处于下降过程中，这主要是由于图书出版市场激烈的竞争所致。

**发现机会**

继《走向市场经济》丛书以后，闻洁一直在努力寻找新的机会策划出类似的力作。闻洁习惯性地开始调研和查阅大量资料，闻洁惊讶地发现图书馆里居然没有什么好的管理类图书可看！

当时国内很少引进国外的管理类图书，人大出版社在偶然的机会得到《美国企业管理》《南斯拉夫企业管理》等书的原版，翻译出版后市场反应非常火爆。经过近半年的访谈和调研，闻洁发现：市面上现存的图书基本上没有清晰和完整的理论体系。她认为，随着中国市场化改革的逐步深入，企业管理类的图书存在一个巨大的市场。

另外，国内MBA（工商管理硕士）专业学位教育的蓬勃发展，为商业管理类图书的出版提供了另一个机会。MBA教育不同于传统的学位教育，学员全部来自工商企业管理人员。初期MBA教材主要是国内教师自编，后来国外原版教材和案例的复印本逐步在MBA学员中流行。但是，这些"盗版"教材和案例非常零散，知识体系不成系统，缺乏框架，并且没有中文版。

闻洁认为，市场存在一个有着强烈需求的空白——高质量的工商管理图书，这类图书的核心顾客群是各高校的MBA学生，在社会上也会有较大的市场空间。

闻洁和她的同事们最终确定整套引进并翻译国外成熟的适合国内MBA教育的工商管理教材。闻洁先后就这个想法请教了袁宝华⊖和黄达⊜教授，并获得了他们的认可和支持。

---

⊖ 时任全国MBA指导委员会主任委员。

⊜ 时任中国人民大学校长，全国MBA委员会顾问。

**艰难的推进**

虽然在选题上得到出版社上下的一致同意，可这是全国第一次系统地引进一整套工商管理教材，具体怎么操作谁都没有经验。闻洁找了一批从国外回来的学者和一批在国外学习工作的学者，进行了大量的讨论甚至是"争论"。大家一致认为应该按美国商学院MBA教育的思路整理出一套MBA的核心课程清单。

在进行讨论的同时，闻洁还在进行更加艰难的版权引进谈判工作。那时国际出版巨头（麦格劳-希尔，Prentice Hall，Thomson，ITP等）都还没有进入中国市场。就在闻洁的版权谈判步履维艰的时候，1995年年底，美国最大的教材出版商Prentice Hall出版社试水中国。闻洁辗转找到Prentice Hall中国办事处的负责人，洽谈后一拍即合。很快，双方达成以300万元的价格购买12本工商管理教科书的中文版权的意见。

版权购买后，闻洁竭力推动教材翻译和编辑工作。她先后邀请了数十名国内外管理界学者，组建起一个100余人的翻译队伍，全面铺开教材的翻译工作。期间巨大的压力导致闻洁心脏病突发，但她依然带病工作。历尽艰辛，闻洁和她的团队终于在1996年年底完成了《工商管理经典译丛》的前两本《市场营销》和《管理学》的翻译和编辑工作，并出版上市。

**市场发行**

人大出版社发行部门按惯例，将样书交给新华书店，等待着新华书店的征订单。但是，每天都要承受着300万元巨资投入迟迟不见回报的巨大压力，面对着上级和出版社同事质疑的眼光，闻洁和她的团队实在没有足够的耐性等待着新华书店遥遥无期的订单，因此，她们不得不做新的尝试。

闻洁决定尝试借力"二渠道"。但是，利用"二渠道"进行图书发行，需要处理每次小批量的订货和灵活、快速的发货，同时，还需要提供辅助销售的海报赠品。闻洁和"二渠道"的热切期望同人大出版社发行部门的"人手不足"的现实矛盾是"一个长期的客观存在"。

此外,闻洁还将希望将该译丛放在 MBA 教材市场。闻洁了解到国外的教材发行是直销模式,就是市场人员带着书去学校,一个教授一个教授地做工作,让他们接受你的教材。虽然出钱购买教材的是学生,但决定购买什么书籍的却是教授。

闻洁敏锐地意识到,要让《工商管理经典译丛》打入中国 MBA 教材市场,完全可以借鉴国外教材的直销模式。然而,直销模式要求的发行人员带着样书去一个学校一个学校地争取,这对发行人员的素质提出了更高的要求。

**现在的困难**

但眼看着秋季入学教材销售黄金阶段一天天地过去,《工商管理经典译丛》的销量依然离预期相差甚远。《工商管理经典译丛》的第三和第四本图书也进入印刷阶段。就在这个时候,徐二明教授告诉她一个消息:一年一度的全国 MBA 院校院长联席会于 1997 年 3 月 23 日正在天津新港召开。闻洁得知这一消息后立马带上《管理学》和《市场营销》各一捆搭火车跑到了会议驻地宾馆。无奈人家拒绝安排她与会议代表接触。

"必须想个办法,去让那些院长们见到这些书。只要他们见到这些书,就一定会喜欢的。"她默默地想着……

**附件 1　全国图书出版统计**

| 年份 | 出版社 | 种数(种) | | 印数(亿册) | 码洋(亿元) |
|---|---|---|---|---|---|
| | | 合计 | 新出 | | |
| 1990 | 462 | 80 024 | 55 254 | 56.36 | 76.64 |
| 1991 | 465 | 89 615 | 58 467 | 61.39 | 95.54 |
| 1992 | 480 | 92 148 | 58 169 | 63.38 | 110.75 |
| 1993 | 505 | 96 761 | 66 313 | 59.34 | 136.74 |
| 1994 | 514 | 103 836 | 69 779 | 60.08 | 177.66 |
| 1995 | 527 | 101 381 | 59 159 | 63.22 | 243.66 |
| 1996 | 528 | 112 813 | 63 647 | 71.58 | 346.13 |

资料来源:《中国出版年鉴》。

**附件 2　中国人民大学出版社图书出版数据**

| 年份 | 种数（种） | | 印数（万册） | 印张（千印张） | 码洋（万元） |
|---|---|---|---|---|---|
| | 合计 | 其中：新出 | | | |
| 1991 | 398 | 220 | 707 | 88 494 | 3 295 |
| 1992 | 379 | 222 | 519 | 61 991 | 2 669 |
| 1993 | 359 | 250 | 453 | 54 871 | 2 910 |
| 1994 | 471 | 249 | 563 | 78 417 | 4 922 |
| 1995 | 381 | 158 | 673 | 101 548 | 8 462 |
| 1996 | 353 | 150 | 570 | 89 680 | 9 534 |

资料来源：《中国出版年鉴》。

**附件 3　我国历年 MBA 招生人数与在校人数**

| 年份 | 招生人数（人） | | | 在校人数（人） | | |
|---|---|---|---|---|---|---|
| | 面向社会招生 | 在职 | 招生合计 | 面向社会招生 | 在职 | 合计 |
| 1991 | 105 | 39 | 144 | 144 | 0 | 144 |
| 1992 | 149 | 0 | 149 | 293 | 0 | 293 |
| 1993 | 380 | 28 | 408 | 558 | 28 | 586 |
| 1994 | 1 364 | 60 | 1 424 | 1 882 | 88 | 1 946 |
| 1995 | 1 172 | 0 | 1 172 | 2 913 | 88 | 2 956 |
| 1996 | 2 190 | 220 | 2 410 | 4 636 | 265 | 4 901 |

资料来源：《我国 MBA 教育发展历史与现状》。

**请思考**

1. 你认为闻洁出版《工商管理经典译丛》的商业机会是客观存在的还是自己创造的？

2. 闻洁发现这次商业机会得益于哪些方面的因素？

3. 你觉得这是合适的商业机会吗？如何评估？

# 第4章
# 商业模式设计

【核心要领】
- 理解商业模式的含义和核心要素。
- 熟悉三种常见的商业模式。
- 掌握商业模式的合理性检验方法。
- 了解初创企业商业模式的设计要点。

## 他山之石

切斯特·卡尔森曾在大萧条时期在一家专利事务所誊写专利申请说明书。

1938年,他申请了静电复印专利书。

约瑟夫·威尔逊慧眼识珠,毫不犹豫地买下了他的专利。

威尔逊的哈洛伊德公司为复印机的研发投入了高达7 500万美元的经费。

## 伟大的"印钞机":施乐914

一位古语言教授建议他们把公司的名字改为 Xerox(施乐)。

施乐914复印机性能优势有限,体积庞大,成本高昂,因此现有市场空间不大。

威尔逊孤注一掷地将施乐914推向市场并推出租用套餐,这一模式为施乐公司带来了源源不断的订单。

施乐公司从技术创新中尝到了甜头,斥资在硅谷成立了大名鼎鼎的实验室 Palo Alto Research Center(PARC)。

管理大师德鲁克曾经说过,当今企业之间的竞争,不是产品之间的竞争,而是商业模式之间的竞争。一个创新的商业模式可以化腐朽为神奇,让产品的价值熠熠生辉,使企业发展走上良性循环之路。最经典的例子莫过于复印机行业的全球领导者施乐(Xerox),因商业模式的创新一举拿下复印市场的半壁江山,不仅由一家小公司一跃成为世界商业巨头,其独特的"施乐模式"更是被一代又一代的公司效仿。

施乐的崛起首先应感谢一位名叫切斯特·卡尔森(Chester Carlson)的穷小子。卡尔森大学毕业时不巧赶上了美国经济大萧条。他前后投了82份简历均石沉大海,最后不得已进入纽约一家专利事务所靠誊写专利申请说明书谋生。这是一项极其枯燥乏味且毫无技术含量的工作。卡尔森在每天不断地重复抄写中萌生了一个大胆的想法:如果有一种机器能将原件完全拷贝得到一模一样的复本,而不再依赖人手逐字抄写该有多美好!

其实,当时美国市场上已经有了两种复印技术——光影湿法和热干法。只是这两种技术的复印效果很差,老是将纸面弄得很脏;并且复印效率非常低,一整天只能复印不到20页纸。更可怕的是这样很难尽如人意的复印成品无法持久保存。因此,绝大部分普通公司如卡尔森就职的专利事务所都没法采用。

卡尔森决心自己发明一套技术能将自己从枯燥的工作中解放出来。他说干就干,利用工作闲余时间在公寓里开始研发这项有点"不切实际"的复印技术。经过整整五年的潜心研究后,1938年,他终于捣鼓出了全世界第一份复印件(见图4-1)。这项"静电复印术"成了复印技术历史上重要的里程碑事件,随后,卡尔森为这项技术申请了专利。

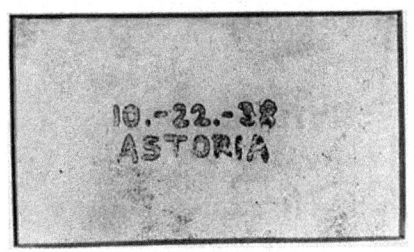

图4-1 卡尔森的复印件

卡尔森带着他的复印技术踌躇满志地叩响大公司的大门,满心希望这项技术能受到青睐。但由于这项新技术刚研发出来还不够成熟,市场前景也不明确,很多企业都不敢贸然投资使之商业化。卡尔森在连续20多家公司里饱尝闭门羹后,终于伯乐现身了——摄影厂商哈洛伊德公司的CEO约瑟夫C.威尔逊

（Joseph C. Wilson）。威尔逊独具慧眼，对这项复印技术表现出浓厚的兴趣，它相信这项新技术将重新书写复印市场的历史。于是威尔逊毫不迟疑地买下了这项静电复印技术专利，并大胆地将转型进入复印机生产领域。

然而，第一次涉足复印机市场的哈洛伊德公司首战便遭受了巨大的挫折。第一代大型复印机推向市场后反响平平。没有公司愿意为一台笨重难看、复印效果提升有限的机器埋单。哈洛伊德公司内部逐渐对这项业务产生怀疑，员工的信心也开始动摇。

这时，卡尔森给威尔逊写信，饱含激情地指出哈洛伊德公司要向贝尔的电话技术、柯达的照相技术一样成为复印机领域的业界领袖。威尔逊本人也自始至终相信自己的商业直觉和判断。于是威尔逊力排众议，坚持投入资源开发新型复印机。截至1960年，哈洛伊德公司三年间为复印机的研发投入达到了7 500万美元，公司几度濒临破产。

苍天不负有心人，大量资金的研发投入终于得来了一台真正适用于日常办公的复印机。威尔逊采纳了一位古语言学教授的建议，将公司更名为施乐（Xerox），同时新型复印机型号为施乐914（见图4-2）。914是指复印纸张的尺寸是9英寸×14英寸。

图4-2　施乐914复印机

施乐914复印速度快、质量好，使用便捷，客户仅需使用普通纸张按一个键就能完成复印。它唯一的缺点就是成本太高，仅生产制造成本一项就达2 500美元。威尔逊担心市场不接受如此价格高昂的复印机，同时，施乐公司已经斥巨资用于研制机器，因此他们期望有资金实力雄厚的合作伙伴共同制造和营销。施乐公司向通用电气、柯达等大公司均抛出了橄榄枝，可是即使IBM这样专业的商用设备和机器提供商也对这个行业新秀的新产品持谨慎态度。IBM在委托知名咨询公司Little进行了长达一年的调研分析后，得出结论：施乐914复印机性能优势提升有限，而它高昂的成本制约了它在市场中普及的可能性，因此预期市场空间不大。据此，IBM拒绝了施乐的合作邀请。威尔逊不甘心，自己花钱又委托了两家咨询公司调查分析，遗憾的是和Little公司的结论基本一致。

面对大公司的回绝和咨询公司判的"死刑"，施乐公司在复印机上的巨资投入或将血本无归。威尔逊最终决定凭公司一己之力把914复印机推向市场。施乐公司放弃了最初1万美元的定价，它针对复印机商用市场将定价标高至2.5万美元。当然它没期望有冤大头会购买。他们伺机还推出了一款租用套餐：机器每个月租金100美元，同时还免费附赠2 000页复印量。超过2 000页每一页仅需要支付5美分。公司销售人员甚至把西服的纽扣都换成了5美分的形状去逐户推销。

这一销售模式的转变让众多公司竞相成为施乐公司的试用客户，用户规模迅速铺开了。一经试用，客户们惊讶地发现施乐914复印的效果和速度远远超过市面上现有的复印机。客户们为了方便和效率的提升，完全不吝惜5美分一页纸的成本。于是，安装在外的复印机像昼夜不停工的印钞机为施乐公司带去了源源不断的额外收入。20世纪60年代，施乐公司的复印页数占据了全美75%的市场份额。施乐公司凭借静电复印技术生产的复印机和独特的"施乐模式"维持了整整20年的繁荣。

施乐公司针对中小公司客户设计的商业模式让施乐914的价值迅速获得认可。施乐公司不仅赚取了天文数字的利润，更重要的是彻底改变了人们对于复印的看法，培养了人们复印的习惯。如果没有施乐公司领先的复印技术和别出心裁的销售模式，施乐不会获得如此大的成功！

## 商业本质

商业模式对于企业的成功运营很重要。在讨论商业模式之前，首先应清楚什么是商业。商业的本质是低买高卖。那么，怎样才能在一个竞争性的环境中实现低买高卖呢？假设你在楼下小卖部花2元钱买的矿泉水，你想以10元钱卖出，有人买吗？如果你在楼下小卖部门口卖一定没人买。但若你气喘吁吁地将矿泉水背上长城，也许就能从口渴又无处买水的游人身上赚到8元钱，甚至10元钱。因为你的行为从小卖部转战到长城上后，你不再简单地卖水了，而是在特定的场合卖给了有特定需求的人，你额外创造了一个叫"顾客价值"的东西。

这个顾客价值是针对特定的顾客群体的。顾客价值不仅需要你根据特定的顾客群体创造价值，还涉及价值的传递。具体而言，它通过三个要素的流动来实现：产品流、信息流和资金流。继续以卖水的例子为例，你从小卖部买进水吭哧吭哧背到长城上再卖给客户的过程就形成了产品在不同人之间的流动。当你把水千辛万苦地背上长城时，你卖给谁？不见得乌泱泱的人群都有花高价买水的需求，你需要从人群中收集需求信息划定出你的目标客户，方便你有的放矢；还有一个问题，那些人中口渴想买水的人怎么知道你在卖水？我们俗话说吆喝，其本质就是要把你的产品信息传递给潜在客户。这一来一去变完成了信息流的传递。当你把产品交付给了客户，给客户创造了价值自然要从客户兜里拿回交换价值，而你前期也需要支付各种成本，这就是资金的流动。产品流、信息流和资金流构成了在市场经济条件下的商业活动。

当然，随着社会经济的不断发展，商业的具体形式可能会发生变化，但是其本质仍然是产品流、信息流与资金流的三者融合。以卖书为例，20世纪70年代出生的人买书的记忆是关于新华书店等实体店的。新华书店有什么新书通过海报的方式广而告之，购书者将自己的购书意愿告诉售货员，售货员将书递给购书者确认无误后，购书者掏钱支付。整个过程是靠实体书店把产品和顾客聚集到店里，然后通过面对面的方式完成信息流、产品流与资金流的互换，并且这种转换基本是同时发生的。这是传统的售书模式。

而 20 世纪 90 年代出生的人则习惯了在亚马逊、当当网等网上书店买书。当买书人有买书需求时，上网输入书籍信息，则顷刻间信息流通过网络实现了交互流动。在购书者下单购买时，只需要通过网上银行、支付宝等电子支付手段实现资金流的流动。而产品的转移需要借助快递员完成。从而我们可以看见交易手段发生了翻天覆地的变化，但信息流、产品流和资金流三者仍是缺一不可。甚至随着亚马逊等平台推出电子书后，产品的形式由有形转为了无形，三要素的流动几乎可以同步完成。

商业活动起源于客户需求，包含产品流、信息流和资金流三大要素的流动。

## 一句话说清商业模式

无论是商业媒体、风险投资者还是创业者，"商业模式"都是绕不开的核心话题。商业模式究竟是什么？它能左右一项创业的成败吗？学者、专家众说纷纭。如果将商业模式凝练成一句话，它的本质是可持续赢利的交易结构。

既然商业模式是一种交易结构，那么一定少不了构成要素。首当其冲的要素是客户价值，即你为什么样的客户创造了什么样的价值，这是商业模式其他要素的起点和基础。站在企业的角度就是自身定位问题。市场中的客户群体五花八门，你可以通过不同的属性归类划分为不同的小群体，而你的企业究竟是满足哪一类细分群体的 A 需求还是 B 需求？比如开篇案例中施乐公司就是为企业客户提供了高质量、高速度、低一次性投入的复印机，以提升客户的办公效率。

第二要素是客户价值的创造需要有载体，这个载体可能是产品，也有可能是无形的服务。施乐的客户价值载体毫无疑问是复印机这一产品。

第三要素是如何获取关键的资源和能力，实现价值创造与价值传递。这涉及你怎么融合上下游关系。再回到施乐的案例，施乐之所以能实现客户价值，是因为它拥有高端复印机的关键资源和能力——静电复印技术，而这是其他竞争者所缺失的资源。

第四要素是赢利模式，即获取利润的方式，包括收入来源和成本支配。施乐公司是通过租赁的方式获得利润：一方面有租赁收入，另一方面还有每页复印纸 5 美分的耗材收入。而它最主要的成本是机器的研发和制造成本。这构成了它的赢利模式。

第五要素则是赢利具有可持续性，它不仅是卖一次产品赢利，还要具备持续开发产品、持续产生赢利的能力。

我们再用一个年轻人熟悉的影院的例子来阐述商业模式。影院针对的对象是有娱乐休闲诉求的客户，为这些目标客户创造了精神享受的价值。它的载体是娱乐休闲服务。而影院是整合影视公司的影片、设备制造商的设备、零食供应商的零食等资源提供一个舒服的环境、一流的设施、丰富的影片、可口的零食达成客户价值；影院赚钱的方式主要通过票房收入提成、广告收入、零食饮料销售等获得收入，扣除片源支出、设备投入、营销费用等获得最终利润。

这是影院的商业模式。再往影院的上游追溯——影院的供应商如小马奔腾这样的影视制作公司，其商业模式又截然不同。影视公司是为那些有文化娱乐需求的客户提供精神享受；它的产品是电影成品，而它需要整合的资源包括剧本、导演、演员等，通过一系列拍摄制作生产出来，再通过院线、视频网站、光盘等渠道将价值传递给目标客户。影视制作公司的利润来源是票房分红、出售版权、广告植入等取得收入，扣减制作成本、发行费用等之后产生赢利。

即使是同一家影视制作公司，根据不同的观众群体制作的不同类型的片子还有不同的商业模式。如果你有兴趣，根据商业模式这五大核心要素作为思考框架去审视纪录片，会发现迥异于商业大片的商业模式。

## 以客户为中心的商业模式

商业模式涉及的要素不止一个，因此商业模式的创新一定是丰富而多维的。每个企业在价值链的不同环节都有所在环节的特点和商业模式的特点。常见的商业模式特色类型之一是围绕客户价值的创新。它要求你的产品具有强烈的独特性，能在竞争中脱颖而出，才能在赢利模式上做文章。

熟悉男性剃须刀的人都知道有一个品牌叫吉列。在电动剃须刀还不普及的年代，剃须刀由一个刀头（或称"刀杆"）和一枚刀片构成。吉列当时也做了一件类似施乐模式的事：它将刀头很便宜地卖给客户，通过客户对刀头的喜爱产生对配套刀片的重复购买，利用刀片赢利。刀片虽然单价低，但客户购买频次高，属于易耗品。这种通过刀头吸引客户，刀片赚钱的模式被人们戏称为"刀头刀片模式"。它的核心是你的主设备必须为客户提供优质的价值，才有可能撬动耗材的出售。

那有没有刀片是噱头，刀头是肥肉的相反情形呢？还真有高明的公司把刀头刀片模式做了变形，依靠提供配套产品的丰富性和完善性，使客户愿意花费高价购买主设备。典型产品之一莫过于苹果的音乐播放器 iPod。早年，人们听音乐都需要购买整张 CD 唱片，哪怕你只喜欢专辑里的某一首歌！并且还不知道附近的音像店有没有货。而苹果开创性地做了一件事，它在自己的 iTunes 平台上将唱片的曲目拆开来一首一首地卖，通过和唱片公司的合作打造了一个极其丰富和庞大的音乐库，客户可以完全根据自己的喜好购买单曲，同时音乐下载的方式比实体店购买唱片更加方便快捷。正是由于这样的配套产品的独特性和丰富性，人们愿意为苹果的 iPod 设备付出高价。

之所以刀头刀片模式或者反刀头刀片模式会弱化其一些赢利来源，主要还是竞争的需要、阶段性营销策略的结果。像苹果公司随着拥有主设备客户数的骤增，原来赢利空间小的"刀片"甚至会超越"刀头"，挣得盆满钵满。

那如果有些产品既没有"刀头"又没有"刀片"，自打一出生就是免费的苦命，如何获取利润呢？那就在向全体客户提供价值的同时为一小撮客户再提供点独特的价值，使其愿意为之埋单，比如最初腾讯QQ起死回生的抉择。

当年腾讯推出QQ后很快获得用户的青睐，下载量迅速突破两亿，但彼时即时通信软件都是免费的，腾讯找不到赢利的切入点，还不得不支付成本购买流量。腾讯的创始人马化腾一度想把QQ卖掉。后来中国移动推出了移动梦网[⊖]，马化腾就琢磨能不能借机向用户收取会员费。可还是老问题，其他同类即时通信软件都是免费的，并且QQ的用户绝大部分是没有收入来源的年轻人，理论上收费是不可行的。后来腾讯换了一种思路，它们建立了所谓高级会员服务制度，为那些愿意付钱的VIP会员多提供几个功能。这样即使只有千分之一的客户愿意为此贡献20元，也将是一笔可观的收入。实际上后来的用户数据远比设想的理想，腾讯靠提供给客户不同的

---

⊖ 移动梦网是中国移动2000年推出的移动数据业务品牌，即运营商构建在手机端的上网平台。

版本既留住了客户，又获得了赖以存活的资金。事实上大部分软件企业都会采取类似的策略。比如微软的办公软件有个人版和专业版之分，优酷视频有免费会员和付费会员之分，这种因为版本差异而形成的商业模式也被称为版本模式。

### 以上下游资源为中心的商业模式

商业模式的另一类突破是围绕上下游资源整合的创新。接着前面背水上长城卖的例子，如果你逐渐摸到门道之后，卖的量越来越大，你就可以越过小卖部直接找上一级代理商甚至厂家进货，跨越中间数道环节。这种砍掉产业链中间环节的模式因为互联网的出现被演绎到极致，很多传统行业也因此被倒逼着转型、触"网"。原先一本书的出版都是经历几道发行渠道，才能在书店跟读者见面。而网上书店的出现直接一端连接出版社，一端连接读者，中间不再有任何其他环节，把原来的分销渠道都跨越了。这样，在整个产业价值链的环节，网上书店就掌握了极大的话语权。这种整合上下游资源的模式极大地提高了效率、削减了成本，它被形象地称为"跨越式商业模式"。

还有一种模式在不改变现有产业链的情形下，通过在资金或者时间上的错位产生新的赢利空间，即贯通式商业模式。诸如国美、苏宁等电器零售大鳄彼此之间常打价格战，低买高卖的差价形成的利润空间已经被压得很薄，那它们靠什么支撑全国数百家连锁店的运营？其实它们的赢利主要有两大块：一部分收益来源于向进店的厂商收取推广费、活动费等名目繁多的收费项目；另外很大一部分收益来源于资金的收益。国美、苏宁等对于电器厂商是极具话语权的，它们要求与上游供应商的结算周期至少三个月。这意味着大量零售客户在门店消费贡献了大额现金，而国美、苏宁将这部分销售额沉淀在自己的资金池里至少三个月。资金本身是能通过投资或者储蓄产生收益的，它们通过资金时间的错位获取资金的投资价值。

另外常有的是联合产业链上游或者下游，根据各自的优劣势有机结合，形成"凹凸"型的错位搭配，像瞎子背瘸子般共同前进。这在新兴市场尤为常见。中国最早进入手机行业的厂商极度缺乏设计和生产能力，但它们深谙中国市场，熟悉中国市场消费者的需求。相反，具备技术实力的国外手机厂商又缺乏中国市场的商业运营经验。因此这两类厂商恰好互补，一拍即合。当年"手机中的战斗机"波导[1]就找到了拥有优秀无线通信技术的法国军工企业萨基姆，利用萨基姆提供的技术、零配件体系，波导进行组装贴牌在国内销售。两者合作曾创造了辉煌的战绩，一度在市场中引领群雄。

由于中国有全世界厂商都觊觎的肥沃的消费市场，而国外企业往往在技术研发上具有优势，于是这种错位式商业模式常被中国企业采用来跨越自己能力上的障碍，创造一个共赢的商业结构。

## 平台型商业模式

近来，商业模式类型中还有一种交易结构的创新，即将利益相关的群体卷入进来，并且群体间相互依存并深度影响。远有Facebook、Groupon，近有京东等，这类目前基本上不赚钱的公司反而是投资人眼中的香饽饽，估值动辄数十亿美元、上百亿美元[2]。为什么？就凭它们搭建的平台型商业模式。这种商业模式的玄妙之处在于前期投资期限长，投入资金巨大，但一旦突破一定的规模，平台方就有多处赚钱渠道并且很难被超越。

平台型商业模式的原始雏形其实是自由市场，或者称农贸市

---

[1] "波导手机，手机中的战斗机"曾是国内手机第一品牌波导花重金在各类媒体上广泛传播的广告语。
[2] Facebook 上市时估值 1 040 亿美元；京东上市时估值 246 亿美元。

场。每一位进入市场的菜贩相当于一个供应商,每一位买菜的家庭主妇相当于一个客户,自由市场的管理方为交易达成提供了一个场地,并且可以设置相关门槛和规则。互联网的出现不过是把这样的场地虚拟化了,并将影响力由局限的数公里扩展到全国甚至全球。于是"平台"这个原本用于信息技术领域的词语逐渐被引用来表述互动性和关联性很强的舞台。

平台商业模式最重要的特征是处于中心的平台扮演着中介的角色,连接不同的但又相互依赖的参与群体。其中最简单的式样是连接两类客户群体,即双头模式。

搜索网站如百度就是一个例子。它一边是使用百度搜索信息的用户;一边是通过百度竞价排名或推广的客户。它的核心关键是两类客户群体如果一类不来,另一类也不会来;一类数量增长,另一类群体数量也会相应地增长。正是这种正反馈循环会导致强者越强,弱者越弱,也就是业界常说的,"老大和老二打,死了老三"。苹果 APP Store⊖就是典型的平台(见图4-3)。因为苹果产品的吸引力,聚合了数量可观的消费者,因此 APP 应用软件开发者乐于将软件放至平台上被更多的消费者使用;随着平台上五花八门的应用软件越来越丰富,也会吸引更多的消费者使用苹果手机。苹果公司作为中间平台靠收费应用软件的提成坐收渔利。网约车企业也是同样的道理。平台商业模式有正反馈的机能,一旦超出了规模经济的点,它就会朝正向循环往复了。这也是为什么网约车企业初期时为了培育乘客群体赠送了天量打车券,而为了吸引驾驶员群体又赠送了天量补贴,目的都是培育双边客户群体规模。

当平台连接群体不止两个时,就出现了所谓的多头模式。比如,有的企业瞄准了盒饭配送市场。虽然盒饭的单价很低,但重复频次很高。盒饭订购平台一端连接消费者,一端连接供应商,理论

---

⊖ APP Store 是苹果系列产品的应用程序购买和下载商店。

图 4-3　APP Store 平台示意图

上应该靠价差获取利润。但它们为了迅速扩张用户规模，严格控制价差。等用户积累到一定规模后，他们引入了广告商在每份盒饭上张贴广告，广告费成了它们的主要收入来源。当然还有更复杂的形式，比如阿里巴巴生态系统，就不仅仅是双头或者三头了。但无论平台参与者多寡，万变不离其宗的是平台方必须从某一类客户的强需求出发，迅速形成规模才能吸引其他方利益相关方进入。但因为各方群体相互影响和促进，究竟应该从哪一类客户着手，会面临"鸡生蛋还是蛋生鸡"的选择难题。

## 合理性检验

商业模式的创新不胜枚举，具体到你自己设计的商业模式，它是否和你的业务类型、能力资源以及竞争环境匹配？它能不能持续性地带来赢利？归根到底就是商业模式是否合理。

首先，你的产品或服务搁在一个典型的应用场景里要自圆其说，它是否解决了客户的某个痛点，从而使客户能够接受你的产品和服务并愿意为此掏出真金白银购买。这是所谓的故事性检验。像把梳子卖给和尚⊖这样的故事从商业模式的角度是经不起故事性检验的。

其次，你的每一步目标达成的前提假设要禁得住商业逻辑的推敲。比如你的产品能满足客户的某种需求，以及像这样的客户规模

---

⊖ 梳卖给和尚的故事是指：一位销售人员通过将梳子刻上"发财梳""如意梳"等，让本不能卖掉的梳子大卖给寺院。

是否足够大。1998年，曾经有一位企业家感叹：大陆市场真是大，足有13亿人口。只要每个人买我一双鞋，每双鞋我赚一毛钱就是亿万富翁了。听起来很美好，但怎么保证从繁华都市的金领、白领到边陲小镇的农家子弟每个人买你一双鞋？经常也有开发APP的团队号称只要客户数达到1 000万个，便可以从以下一二三方面获得收入。关键问题是怎么保证有1 000万个客户下载你的APP并成为活跃客户？你需要投入多少营销成本才能实现这1 000万的规模？实现你的假设后想象空间的确很大，但实现过程一定是万般艰辛并有规划的。这就是逻辑性检验。

最后，数字性检验必不可少，你的心里得有一本账，什么样的条件下可赢利，什么样的条件下是成败的临界点，否则仓促上马会造成很大的损失。摩托罗拉公司在20世纪90年代曾推出铱星计划：它在地球的低轨道布置66颗卫星，希望手机通话能够通过卫星直接连通，不再需要基站或地面的传输设备。按照当时的项目价格预测需要耗资50亿美元，铱星计划若要维持盈亏平衡则要在全球发展65万名用户。但整个铱星计划最辉煌时也就6万名用户。随着1999年地面移动通信技术的发展，这个庞大的计划宣告失败。如果认真调研就会发现，铱星计划根本通不过数字性检验。

## 设计合适的商业模式

独到的商业模式是每个企业苦苦追寻的，无数新创企业都会在创立之初冥思苦想希望能设计出卓越的、合理的商业模式。可惜的是，根据经验初创企业刚开始设计商业模式的时候往往会有一些想象和加工的成分，容易不切实际。事实上，初创企业进入市场就是一个根据市场变化不断试错、不断调整和修正商业模式的过程。对于普通创业者而言，在设计商业模式的时候需要警惕前人总结的几大陷阱。

**着眼于客户强需求**。客户的强需求意味着你的产品要么符合社会发展趋势，能将一部分先知先觉的客户裹胁进来；要么比别人的产品或服务有明显的提升和改进；要么解决了客户的某个痛点。当客户看起来对你的产品可要、可不要的时候，无论砸多少钱都形成不了对客户独特的价值。

**规模，规模，规模**！任何一个创业者都要思考清楚你达到盈亏平衡的规模是多大？这个规模不仅是要吸引到一个庞大的初始购买群体，还需要客户重复购买形成用户联系。如果你的商业模式需要的用户规模非常大才能实现盈亏平衡，需要等着客户规模慢慢积累起来，那么你要有足够充裕的资金守到云开见日出的那天，因为用户规模需要有一个培育期，对于初创性小公司，要谨慎选择平台模式。其次，你还得守得住，还要防止自己培育的客户被竞争对手半路摘走了胜利果实。

**快速试错不断调整**。任何商业模式代入实践时均会暴露出不切实际的问题，所以需要快速迭代。百度创始人李彦宏当年回国创业时最先是给网站提供搜索技术，纯粹的技术外包商，后来在实际运营中发现几乎是一锤子买卖，其可扩展性差。后来当他的客户扩展到搜狐、新浪等门户网站时，调整了商业模式，他把搜索应用技术卖给门户网站的同时根据用户的点击频次按次收费，这就由单纯的技术提供商转变为了技术加服务的模式，收入来源扩大了，但是全中国能够使用搜索技术的门户网站也不超过30家，市场规模还是受限，李彦宏也常常在谈判的过程中处于劣势，于是李彦宏彻底改变了商业模式，开始做独立的基于竞价排名的搜索网站百度，这才是真正让百度迅速做大、做强的起点。不仅是百度，BAT（中国互联网公司三大巨头——百度公司、阿里巴巴集团和腾讯公司）无一不是在市场的检验和反馈中不断碰壁、不断调整的结果。

**简单专注**。小型初创企业资源、经验有限，商业模式还没得到市场的认可，切忌一开始就设计得复杂多样。但凡超过三个赢利点的模式都很难将其中任何一个做深、做透。只有当一个赢利点做透了，这个点像能量场一样吸引更多的资源相关方进入，在此基础上的发散扩展是水到渠成的事。

不同的商业模式决定了企业不同的发展路径。如何设计合理的商业模式是每个初创企业必须面对的问题。而在这里，已经有无数的创业先烈为此付出了高昂的学费和代价，为现在的创业者提供了很好的借鉴。一个小型初创企业只有在商业模式经过市场的实验反复修正后，达到可复制和升级的状态，才能在赢得客户、创造利润、吸引资本上形成良性循环。

**要点回顾**

- 商业模式就是企业为了给特定的客户群体提供以产品或者服务为载体的价值所设计和采取的一系列的交易结构，企业以此获得可持续赢利。
- 商业模式的核心包括五大要素：客户价值、载体、交易结构、赢利模式和可持续运营。
- 商业模式的合理性检验包括故事性检验、逻辑性检验和数字性检验等。
- 初创企业的商业模式设计需着眼于客户的强需求；认清规模是关键；快速试错不断调整；忌复杂多样。

**延伸阅读**

1.《发现商业模式》朱武祥 魏炜 著

北京大学和清华大学的两位教授从理论和实践角度深入介绍了商业模式，结合现实商业环境中大量企业的案例，提出对商业模式的一整套概念体系，可从中全面深入地理解、辨识和解构商业模式。

2.《平台战略》陈威如 余卓轩 著

该书通过对真实案例的解读较为全面、深入地介绍了平台型商业模式的来龙去脉，分析了平台模式的构成因素、关键资源、发展趋势等，并对商业"生态圈"规律进行了剖析。

**创业者说**

戴永，现任清华大学 X-Lab 投资总监。

戴永毕业于西安邮电学院通信工程专业。2001 年，戴永进入中国普天信息产业集团公司工作。在积攒了几年市场销售经验和人脉资源后，缘于偶然的机会，戴永组建团队进行首次创业。新公司主营煤矿井下工作人员定位追踪管理系统，当时占据了天时、地利、人和的先发优势，但最终败在商业模式的选择上。

"新创公司切忌重资产运营，后期会有很大的隐患，对现金流的压力也非常大。"

"当初我们构建了从研发、零部件采购制造、整体系统集成制造到整体解决方案销售维护的贯穿整条产业价值链的业务系统，涉足价值链的过多环节，分散了公司创立初期本就不多的资源配置，公司的管理能力也被迫面对更多的挑战，这是这个项目给我的最大教训。"

"商业模式应在实际运营中动态调整，根据外部环境变化不断做出改变。"

"在追求自己利益最大化的同时应照顾到产业链其他环节的利益，只有当产业链各方参与者利益均有保障时，整个行业才能健康稳定地运转。"

要看朱教授与戴永之间的精彩访谈请扫描下方二维码。

## 月辰公司的商业模式之战[一]

**学以致用**

2008年5月的一天，李明从总经理办公室的转椅上起来推开窗子，扑面而来的清新空气使李明紧锁的眉头略有舒展，但郁闷的心情却怎么也轻松不起来：最近公司的产品出现了比较严重的质量问题，产品不得不大规模召回更换，召回后替换的产品生产质量仍然无法控制，质量隐患仍然存在，并且公司近期的销售订单增长减慢甚至下降；地区销售人员反映各地纷纷出现了很多从事煤矿安全产品的新创公司，这些公司的产品技术比较先进且报价更低，市场正在被这些新冒出的竞争对手掠夺。

从各地反馈的数据看这些新出现的公司有70多家！本来，公司创立初期市场只有为数不多的几个竞争对手，而且他们的技术和产品也相对落后，怎么现在市场上会突然冒出来这么多新的竞争对手，他们的技术从哪里来？他们是如何获得行业准入资格和煤矿安全产品认证的？ 李明百思不得其解……

### 机会缘起

李明曾就职于中国最大的研发、生产、销售通信产品的国家高新技术企业，主要从事数据通信系统集成业务的销售工作。2005年6月，李明通过下属认识了国家安监局信息中心的一位工程师祁总。有一次，祁总聊天提及了一项新研发的射频识别人员定位技术在煤矿井下人员定位技术中具有优势，并且已在煤矿生产企业中小规模试用了。李明一听当即产生了兴趣，他决定深入研究一下煤炭行业。

### 行业背景

煤炭工业是我国经济的主要产业之一，在经济发展中有十分重要的作用。由于煤炭一般埋藏于深层地下，埋藏条件复杂且面临复杂的水文地质条件，煤矿生产企业都面临着十分严峻的井下安全问

---

[一] 本案例改编自清华大学经济管理学院案例库"李明和他的月辰公司"，原作者杜春。

题。虽然近年来我国煤矿的机械化和自动化水平有所提高，但是总体上煤矿开采仍需要大量的矿工深入矿井下几百米深处进行煤炭原煤的开采运输。为了追求个人利润最大化，很多煤矿经常采用超员下井的方式进行不合规的过度开采，这对井下人员和矿井安全埋下了事故隐患。一旦发生事故不能准确掌握井下人员的数目和具体分布，往往会给事故及时救援造成很大的障碍。因此信息化管理系统、事故灾害预防系统、矿井综合管理系统、井下人员管理系统的建设与发展将大有空间。

**井下人员管理系统**

李明经过进一步研究发现，现有的煤矿井下人员管理系统一般是在原来的瓦斯监控系统上发展起来，只能判断井下人员的粗略位置，而井下人员的具体分布则基本无从掌握。研制新型的定位更精确的煤矿井下人员管理系统能从更大程度上监控井下工作人员的安全，一旦有事故发生时能实现快速救援。根据目前市场已有的类似系统和市场需求，这套管理系统大致由四大功能模块组成：井下人员考勤管理；路线跟踪标识定位管理；灾后急救管理；日常管理等。整套井下人员管理系统的核心是井下的人员标识定位技术系统。

**万事俱备**

李明坚信这个业务具有很大的发展机会。但因种种原因公司并不愿意开展这项新业务，李明迫不得已决定自己单干！李明认真评估了一下，促成这项业务的多种因素已基本具备：对于煤矿井下人员管理系统井上部分，自己拥有在宁夏、新疆已推广过多个成熟的无线通信应用系统项目经验；而井下部分，结合先进的井下无线网络通信技术则构成了一套完善的符合市场发展要求的煤矿井下人员安全管理解决方案。

**人和**。在煤矿行业做业务，人脉是非常关键的要素。李明在公司时因业务项目需要，在煤矿行业已经积累了较丰富的人脉关系：上至国家煤矿安监局主要领导、安监局信息中心，下至各地的安监局、各地的煤矿，以及煤矿安全设备的相关厂商，李明与之都有良好的合作。而在技术层面上又有祁总先进的射频识别定位标识技术及应用经验支撑。

**天时**。2005 年恰逢国家安全生产监督管理总局提出了 2006 年在煤矿中推广下井人员实时监控系统的构想，将原有的"鼓励有条件的煤矿安装使用井下人员定位系统"的政策，转变为"限期安装井下人员定位系统"。未来市场一片光明。

**地利**。李明在宁夏 138 个煤矿中已经推广了瓦斯联网监控系统，对当地的煤矿行业情况非常熟悉，在这个基础上推广煤矿井下人员管理系统非常便利。而祁总在东北长春、黑龙江，以及贵州的煤矿项目都有一定的地方客户基础。在这些地方进一步引入煤矿井下人员管理系统应该是轻车熟路。

**设立新公司**

万事俱备只欠东风，李明决心抓住这个机会自己创业。2006 年大年初四，李明约了祁总等几个人见面商谈。最后大家一致同意寻找外部投资人投资资金启动事业。

经过一位老领导的牵线搭桥，李明认识了三位年长的投资人，他们是月辰科技（深圳）有限公司的创始人。月辰科技的主导业务是无线射频和卫星高频头两大类核心产品的研发、生产、销售。而无线射频技术正是项目的重要技术资源。

三位投资人对李明的项目表现出极大的兴趣，很快大家达成共识：第一笔投资总额 300 万元，李明等三名技术股股东占 30% 的股份，投资人占 70% 的股份。很快第一笔开办费到账，李明辞了工作开始着手注册月辰公司北京分公司，李明任北京分公司总经理，投资人老赵任董事长。由于北京的生产场地达不到一系列产品安全认证的要求。因此生产放在月辰深圳总公司，北京分公司只负责研发和销售。

**商业模式**

在月辰北京分公司，由李明带领研发井下人员管理系统。另一方面煤矿安全产品安标认证工作也及时展开。经过 8 个月的艰苦努力，2007 年 3 月终于取得了安全标志认证，从而顺利地获得煤矿安全标志市场准入资格。

为了向客户提供井下人员管理整体系统解决方案，考虑到煤矿安全产品安标认证的强制条件和国家政策，以及自身所拥有的生产资源和能力，李明决定涉足价值链的多个环节。

- 研发环节，月辰北京分公司负责井下人员管理系统的核心组件人员标识卡的研发和整体系统的设计集成工作。
- 生产环节，依靠总公司拥有卫星高频头全球第三的强大生产能力，生产人员标识卡自然不在话下，因此月辰北京分公司自己生产核心零部件——人员标识卡，以期有效降低成本增强系统竞争力。
- 系统集成环节，得益于李明之前在无线通信应用系统和煤矿行业解决方案方面的专长，自然也由自己一举拿下。
- 销售环节，因为已经拥有一定的煤矿客户基础而且在煤矿行业内还拥有丰富的关系网络，直接销售成了月辰北京分公司的主要选择。

赢利模式上，从整体收入结构来看，月辰北京分公司的主要营业收入来自煤矿井下人员管理系统面向煤矿的直接销售。另外，还有少部分服务收入如人员标识卡的更新升级等，还有在初期非常少量的系统代理收入。

**从信心满满到危机隐现**

2006 年 7 月 28 日，月辰科技北京分公司的注册申请得到批准正式成立。李明一方面立刻启动了煤矿安全产品系统的研制工作，另一方面煤矿安全产品安标认证工作也及时展开。煤矿安全产品认证送检涉及多个复杂环节，申请过程费时、费力。但李明认为，申请安全标准认证不仅是对客户负责，而且在煤矿安全这一领域，也能筑起竞争的门槛。到 2007 年和月辰公司完成认证工作时，业内拿到认证的企业不过10多家，绝大部分是各地煤科院下属企业，机制僵化，市场运作能力不强，技术也相对落后。唯一在技术上有竞争实力的是三位海外留学归国的工程师，在上海创立的潮品公司。但潮品公司对煤矿安全领域十分陌生，没有客户经验，申请安全认证也需要时间。李明决定，利用自己的优势，迅速进入市场。

在申请安标认证过程中李明利用老客户关系已经开始了市场运作。2007年5月，在徐州矿务局章合矿完成了实际工业现场的试验，实现第一笔销售合同。接着公司在宁夏、新疆和东北等地相继开始了试点销售，2007年累计签订合同558万元。伴随着销售业绩一路高歌猛进，殊不知前方已经出现了几只拦路虎的身影。

**质量门**。2008年1月3日，李明接到各地试点矿陆续打来的电话反映井下人员管理系统中井下人员佩戴的射频识别标识卡出了较严重的问题：卡失效不能标示出人员在井下的位置。有些矿反应卡失效率超过50%，情况很严重。李明立即召回失效卡。但换卡后客户反映新卡仍不断出现坏卡。质量危机并没有因此解决。

后来李明去了趟深圳才发现，矿井人员管理系统关键部件主要由投资人老武带领几个新人进行，大部分生产工艺还是手工操作，而生产人员标识卡的生产线和生产卫星高频头所用的成熟生产线是分开的。生产质量得不到保障！李明和投资人老赵、老武做了沟通，然而深圳总公司家族式的管理作风使得李明的沟通如石沉大海不了了之。

**竞争对手暴增**。2008年4月做季度总结时，排除因质量问题导致的订单减少，李明发现近期的销售订单增长很不理想甚至下降。而各个地区销售人员反映他们在当地遇到了很多新出现的竞争对手，这些对手一般都是提供煤矿人员定位系统产品的新创公司，而且他们一般都获得了当地煤矿安全监察局的支持，其产品也都获得了煤矿安标认证，他们的产品使用类似的人员定位标识技术而报价一般更低，竞争异常激烈。

**信心动摇**。因为股东是分阶段投入资金的，本来李明设想的经营策略是先大力地开发试点新单，取得收益后再去辐射开发新的试点，滚动发展。然而上述种种问题导致了销售订单增长缓慢甚至停滞，这令深圳总公司三位投资人对北京分公司的信心有所动摇。

**竞争对手的秘密**

李明对恶化的市场竞争心存疑惑。2007年李明拿到安标后市场竞争对手数量很少，有实力的更是凤毛麟角，现在差不多有七八十家了。要想进入煤矿井下人员管理系统行业，至少要克服两个进入障碍：第一个是取得煤矿安全产品标志强制认证；第二个是要掌握井下人员定位管理技术。

取得安标认证是非常困难的而过程是很漫长的，这些厂家是如何做到的？通过一些朋友了解到原来这些新出现的竞争对手多少都和各地的煤矿安全监察局有一定的关系，所以在申请安标认证过程中会有一些便利，可节约不少时间和投入。

下一个问题是竞争对手的技术从何而来。经过仔细分析收集到的竞争对手产品系统资料，李明发现他们的井下人员管理系统采用的核心技术都很类似，新出现的竞争对手产品系统技术几乎都来自上海潮品公司。

上海潮品是一家只负责技术和产品研发的公司。它将自己拥有的整套射频识别技术和产品提供给其他从事煤矿井下人员管理系统生产的厂家，这样将产品生产和销售转移给其他厂家，从而避开了进入壁垒和激烈的竞争！上海潮品最初的商业模式也和月辰公司类似，但在自己申请安标过程中，由于始终不能满足烦琐复杂的申请手续，历时一年多仍然没有拿到安标；再加上缺少煤矿行业的社会关系支持，经过认真思考后上海潮品转变思路，鼓动各地的煤矿安全监察局相关的人成立附属公司，然后上海潮品将自己研发的全套射频识别产品和技术，以利润分成或者授权代理的方式提供给这些公司，产品的规模生产和对最终煤矿销售由这些公司负责。而这些新成立的公司由于有本地安监局的关系，安标申请和针对本地煤矿的销售都不是问题。这样上海潮品的直接客户就不是原来的各个煤矿，而是生产管理系统的厂家。经由这种方式，上海潮品的直接客户迅速增加，最终的结果就是：上海潮品人员标识卡的销量剧增，市场占有率节节攀升，而煤矿井下人员管理系统的市场竞争日趋激烈。

几乎是同样的起步，掌握着类似的技术，上海潮品却由此打开了良好的市场局面……

**附件 1　2000~2006 年煤矿生产情况**

| 生产情况 | 时间 | 2000 年 | 2001 年 | 2002 年 | 2003 年 | 2004 年 | 2005 年 | 2006 年 |
|---|---|---|---|---|---|---|---|---|
| 煤炭总产量 | （亿吨） | 9.99 | 10.90 | 14.15 | 17.28 | 19.56 | 21.9 | 23.80 |
| 事故总量 | 起数 | 2 720 | 3 082 | 4 344 | 4 143 | 3 641 | 3 306 | 2 945 |
| | 死亡人数（人） | 5 796 | 5 670 | 6 995 | 6 434 | 6 027 | 5 938 | 4 746 |
| 其中重大以上事故 | 起数 | 75 | 57 | 65 | 58 | 49 | 58 | 39 |
| | 死亡人数（人） | 1 405 | 1 388 | 1 584 | 1 421 | 1 495 | 1 739 | 744 |
| 百万吨死亡率 | （%） | 5.77 | 5.14 | 4.94 | 3.71 | 3.08 | 2.84 | 2.04 |

资料来源：国家煤矿安全监察局网站。

**附件 2　月辰科技业务流程图**

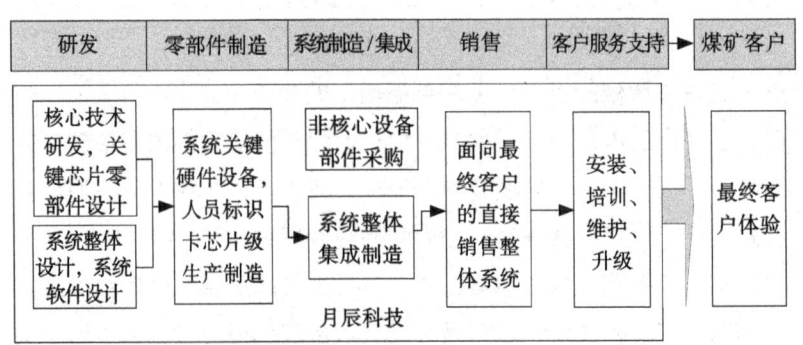

**请思考**

1. 月辰公司的商业模式关键构成要素是什么？

2. 比较月辰公司和竞争对手上海潮品公司商业模式的迥异。为什么上海潮品能后来者居上，赢得市场？

3. 如果你是李明，打算继续经营下去，你对商业模式的调整有哪些构想？

# 第5章

# 资源吸引与整合

【核心要领】
- 了解新创企业资源的含义。
- 掌握创业资源整合的原则。
- 掌握整合资源的步骤和技巧。
- 理解财务资源的类别和融资渠道。
- 了解估值的基本原理和方法。

## 他山之石

迪士尼的动画角色风靡全球，迪士尼乐园也吸引着全球成千上万的游客游玩。

18岁的沃尔特·迪士尼和好友艾沃克创立了一家广告工作室。

迪士尼向美国商业中心——纽约进军。

迪士尼和著名电影发行人温克勒小组谈论他关于《爱丽丝漫游奇境记》的梦想。

## 迪士尼王国

由于发行公司关闭，11 000 美元的合同款成了空头支票。

欢笑动画公司倒闭后，沃尔特·迪士尼来到加利福尼亚州投奔他的三哥路易·迪士尼。

迪士尼乐园在第二次世界大战后开始筹建，迪士尼创造了无数代人的童话梦想，在面对困难的时候，迪士尼总是创新性地找到一种吸引和利用资源的方法。

每段创业旅程从想法的诞生到实际运营都需要源源不断的资源投入。创业者，尤其是刚刚起步还没有做出漂亮成绩单的创业者自身资源匮乏，而吸引外部资源的能力又有限，因此资源获取是最大的挑战。动漫行业的先驱，迪士尼商业帝国的创始人沃尔特·迪士尼（Walter Elias Disney）在资源整合方面无疑树立了优秀的榜样。

时光回溯至一个世纪前，沃尔特·迪士尼还是美国密苏里州堪萨斯农场里的小淘气鬼。他从小喜爱小动物和画画，18岁那年，他与画友艾沃克创立了一家广告工作室，专门给报纸、电影院画广告赚钱。那时候两人没名气、没经验，订单时有时无，断断续续。眼看工作室每况愈下，即将关门大吉之际，一家做幻灯片的公司看上了迪士尼的漫画，有意将他招致麾下。于是，沃尔特·迪士尼因热情而起的第一次创业匆匆开始，草草收场。

沃尔特·迪士尼的新东家主要制作幻灯片，用于电影上映前的播放。随着技术的进步，幻灯片转动播放可以连贯而成形成动画。这种新鲜的形式深深刺激了沃尔特·迪士尼，他敏锐地意识到未来动画片将有很大的商机。于是他又叫上老搭档艾沃克成立了欢笑动画公司，再次踏上创业之路。

由于动画短片的形式新颖有趣，慢慢地欢笑动画公司在堪萨斯城当地也小有名气了。俩哥们做动画所需要的资源都是自费，靠动画的销售再慢慢滚动发展。偶尔公司困难时他们还得去外面接点零工赚钱补贴。渐渐地这种叫好不赚钱的现实促使沃尔特·迪士尼反思：他们可能还缺乏一个重要的资源——发行渠道。堪萨斯城毕竟是个小地方，欢笑动画公司的业务发展受到了极大的局限。沃尔特·迪士尼有野心把动画短片做成全美国人民都喜闻乐见的影视形式。要达成这个目标，沃尔特·迪士尼决定向电影发行公司集中的纽约进军。

发行渠道是制约欢笑动画公司业务发展的第一道拦路虎。于是沃尔特·迪士尼到达纽约后开始逐个拜访发行人。其中纽约著名的电影发行人温克勒小姐的出现为沃尔特·迪士尼的事业带去了希望。沃尔特·迪士尼为了获得温克勒小姐的青睐，声情并茂地描述了自己心中关于《爱丽丝漫游奇境记》系列影片的梦想。温克勒小姐大受震撼，立即表示非常喜欢这个创意,愿意支付一半的订金让沃尔特·迪士尼制作样片。这本来应该是皆大欢喜的结果,沃尔特·迪士尼获得了发行人的认可,只需要一心一意制作影片交由温克勒小姐发行即可,偏偏此时又有人抛出了橄榄枝:一位书商出身的发行人对沃尔特·迪士尼的才华十分欣赏,为他的6部短片开出了11 000美元的高价[1]。沃尔特·迪士尼禁不住价格的诱惑,在预付款到位很少的情况下迅速扩充队伍紧锣密鼓地开始了短片的制作。不料3个月后,这家发行公司倒闭了,当初说好的合同款成了空头支票。欢笑动画公司的短片制作投入了大量自己的资金,后续却没有更多的"柴火"投入为继。公司很快便宣布破产关闭。

再次创业失败给了满怀希望的沃尔特·迪士尼沉重的打击,他萌生了远离纽约这个伤心地的想法。他决定远赴美国电影业中心加利福尼亚州的好莱坞重新追寻梦想。此外,还有一个私人原因是他有俩亲戚住在那儿:一个堂叔已经在当地安家落户,过上了安稳的日子;另一个是从军队复员在加利福尼亚州疗养的三哥路易·迪士尼。

路易·迪士尼从小就非常疼爱沃尔特·迪士尼,在认真了解了事情的来龙去脉后,仔细帮沃尔特·迪士尼复盘了整个过程。他告诉沃尔特·迪士尼,在收入不确定的情况下盲目将摊子铺大,后续资源供不上必将导致失败。另外,如果发行渠道是重要资源的话,需要谨慎考察发行渠道背后公司的可靠性。

来到加利福尼亚州不久,沃尔特·迪士尼便收到温克勒小姐的来信询问《爱丽丝漫游奇境记》的进展,沃尔特·迪士尼心中再次涌起了创业热情。他回复温克勒小姐准备将这部动画短片进化成美国第一部真人动画的形式,预期效果将非常好。沃尔特·迪士尼的创意再次吸引了温克勒小姐。温克勒小姐不仅回信鼓励沃尔特·迪士尼,还一并寄来了部分定金。沃尔特·迪士尼东山再起,与三哥路易·迪士尼共同成立了迪士尼兄弟公司。公司的启动资金是七拼八凑而来的,一部分来自路易·迪士尼的退伍费,一部分是堂叔的借款,还有一小部分是向亲朋好友募集的钱。初始资本问题解决后,沃尔特·迪士尼着手搭建团队。他又一次写信找来了老搭档艾沃克与他自己一起负责创作。三哥路易·迪士尼是运营高手,则负责公司运营管理,公司第一份订单就是温克勒小姐的《爱丽丝漫游奇境记》。影片很争气,一经上映便获得了极大轰动,迪士尼公司也因此声名鹊起。

真正让沃尔特·迪士尼的事业迈

---

[1] 据估计,当时6部动画片市值约9 000美元。

上一个新台阶的是以米老鼠为主题创作的一系列短片。尤其是在第3集《威利号汽船》(*Steamboat Willie*)中，沃尔特·迪士尼史无前例地在动画中加入了声音，这在美国动画历史上创造了一个奇迹，成为全球第一部公映的有声动画片。影片中仅有极少的几句对白，绝大多数声音都是来自音乐，而音乐与影片的无缝配合是迪士尼找的一家音响供应商提供的技术实现的，并通过这家供应商的老板关系，找到了环球影业公司发行。一部好片搭配好的发行渠道，使得米老鼠一炮而红。

随着米老鼠形象的深入人心，迪士尼公司在电影界的名声越来越大。直到有一天，联艺电影公司㊀主动找上门，才标志着迪士尼彻底解决了发行渠道问题。

凭借迪士尼公司在业界的地位越来越高，它从外部获取资源支持的能力也越来越强。迪士尼公司在制作全球第一部完整动画电影《白雪公主和七个小矮人》时，公司的现金流不足以支撑高昂的制作成本，沃尔特·迪士尼甚至找到了当时美国最大的银行美洲银行贷款。为了说服银行行长提供资金支持，沃尔特·迪士尼邀请行长到工作室观看尚未成形的影片并亲自配音让行长确信，这将会是一部伟大的作品。影片的精彩最终通过了行长的考验，沃尔特·迪士尼顺利拿到了贷款。

事实证明行长的眼光是对的，《白雪公主和七个小矮人》得到了市场的追捧，叫好又叫座！

沃尔特·迪士尼的事业发展越来越快，资源又成了制约迪士尼发展的瓶颈。迪士尼公司决定上市，通过公开市场募集资金助力公司的发展。第二次世界大战后，迪士尼公司开始策划建立一个以动画人物为主题的迪士尼乐园，这个奇思妙想被保守的董事会成员坚决否决了。沃尔特·迪士尼无法通过公司获取资金来构建心中的童话王国，他不甘心，开始四处寻求可能的资源实现他的梦想。最后，沃尔特·迪士尼通过和电视台谈判，授权电视台播放米老鼠等动画片来"借鸡生蛋"，获得资金支持实现了建设迪士尼乐园的梦想。

沃尔特·迪士尼从18岁懵懵懂懂进入创业领域，到后来整个迪士尼王国的建立，在这个过程中不仅仅是他的才华和梦想支撑着他成长，更重要的是，他的每一步发展都伴随着资源的匮乏，但他总是能创新地找到吸引和利用资源的方法。当然，如果沃尔特·迪士尼没有卓越的动画创作才华，让一件件成功的作品提升自己的声誉，也不会获得来自远方的青睐。

任何一段创业旅程，资源都是极其重要的。对于创业者的梦想或者野心而言，资源永远不够。整合资源突破资源的约束，借力实现自己的目标是每一位创业者的必修课。

---

㊀ 联艺电影公司是由喜剧大师卓别林等大腕发起成立的公司，他们在电影行业有着深厚的人脉，是好莱坞八大电影公司之一。

创业是在资源的高度约束条件下追逐机会、创造价值的过程。资源短缺会贯穿创业始终。有效获取资源，让自己像磁铁般将资源方吸引过来为自己所用就是伴随创业者整个创业生涯的基本功。

对于企业而言，一切有价值的要素都可以称为资源。产品需要有客户埋单，客户是资源；产品需要由渠道传递到客户处，渠道商是资源；制造产品需要原料，上游供应商是资源；一些新兴行业，如移动互联网领域需要强大的技术支持，技术是资源；团队需要有人运营，人才是资源；当然，最重要的资金，更是任何一项创业活动的必备资源。

## 让自己成为磁石

初创企业的资源相比大企业的资源是有差别的。企业吸引资源的能力高度取决于自身的实力。初创企业无名声、无资历，在整个上下游所形成的价值网中处于弱势地位，自然话语权小，难以获得资源方的青睐。常听人抱怨银行这样的资源拥有者"嫌贫爱富"，偏好放贷给大企业。其实不难理解作为经营风险的金融机构，大机构有雄厚的资产储备，有既往的历史业绩可查，在社会中有信誉、有声望，将钱贷给它们保险系数更高，承担损失的可能性更小，何乐而不为？谁也不愿意把钱借给身无分文的人吧。

既然初创企业占尽了劣势，那如何才能获得资源拥有者的支持？唯一可能的途径就是回馈给他们更多的价值、金钱、声誉，抑或是更好的产品等。让本来资源稀缺的初创企业贡献更多的价值听起来好像是一个悖论，其实核心就在于你所追寻的这个商业机会本身有多大价值。你的商业机会价值越大，你所能创造的价值就越高，才越有可能给那些利益相关方分享更多的价值。

一位爷爷级的创业者用智慧和勤勉书写了初创企业创造更高价值给利益相关人的范本。他就是风靡全国的励志橙——褚橙的缔造者褚时健。褚老先生曾是中国烟草行业的旗帜性人物。他引领的红塔模式影响了一代中国企业家。2002 年，年逾古稀的他在云南省玉溪市偏远郊区租了 2 400 亩<sup>⊖</sup>荒山开始创业。当地人戏称这片荒山鸡不生蛋、鸟不拉屎，在褚时健接手之前被当地的集体企业拿来种甘蔗，平均每亩地只有 80 元的收益。褚时健以每亩地 100 元的价格租下来去种冰糖橙。这位昔日的烟草管理专家开始钻研种橙子的技术，请教专家，培育土壤，设计灌溉系统。农业种植的培育周期十分漫长，整整熬了 10 年终于守得云开见月明，整片荒山漫山遍野全是橙子，这 2 400 亩荒山 35 万棵橙树共创造了 3 000 万元利润，每亩地收益突破了 1 万元！

褚老先生将一片荒寂的土地变得有价值。他为在果园工作的果农创造了体面的收入；为土地的集体拥有者创造了可观的土地租赁费；为当地政府提升了地区声誉；为消费者提供了品质极高的冰糖橙，他让上下游的资源拥有者都收获了价值，这就是褚老先生获取并整合资源的高明之道。

## 变废为宝

曾经的荒山一文不值，但被有心的创业者加以合理利用，立刻变废为宝。作为创业者，心里应该清楚一穷二白的创业初期资源获取的难度极大，不能指望资源现成地摆在那里为你所用。资源就像散落的珍珠，创业者需要有一双慧眼去识别挖掘，将一颗颗散落的珍珠抛光打磨穿起来，才能成为耀眼的珠宝。这其中奥妙连连，有一些可参考的技巧，如图 5-1 所示。

---

⊖ 1 亩 =667 平方米。

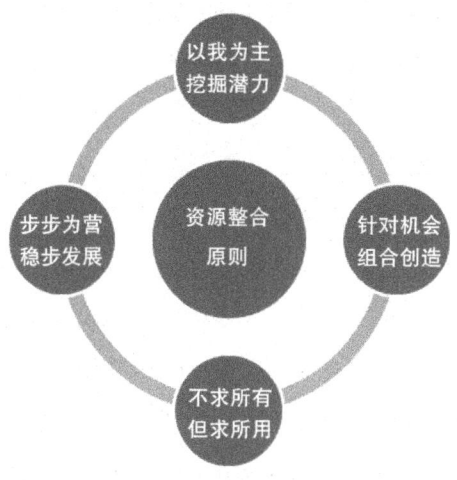

图 5-1　资源整合四原则

**以我为主，挖掘潜力**。作为创业者应充分挖掘那些别人不用或者轻视的资源，围绕着自己的需求寻找被市场低估的资源，让资源的潜力充分显现，发挥到极致。

比尔·盖茨早年招女秘书的故事一直被人津津乐道。当年比尔·盖茨成立的新公司物色女秘书，他没有像其他公司一样挑选年轻貌美的员工，而是挑中了42岁的中年妇女露宝。很多人对此不解，露宝不仅年龄较大，还带有4个孩子，肩挑沉重的家庭负担，简直就是就业市场的弃儿，为什么比尔·盖茨却给了露宝机会。比尔·盖茨回应道：露宝曾经做过文员、秘书、会计等相关类型的工作，有着丰富的工作经验，公司初创之际需要一位以一当十、处理各种杂事的多面手，并且因为她年龄较大，就业不易，对这份工作格外珍惜，显然是公司非常合适的人选。后来事实也证实了比尔·盖茨的判断。露宝不仅工作兢兢业业，七七八八的杂事一肩挑，甚至在微软公司搬到华盛顿时，露宝因为舍不得与微软的感情——在她人生的低谷微软给了她机会和光明，而举家搬到华盛顿继续为微软效劳。类似露宝这样的人，在市场中别人对她的能力是低估的，没有合理的定价，初创型的小公司能挖掘到被市场低估的人，并充分激活他们的潜力，发挥他们的价值，这对于新公司就是一笔宝贵的财富。

**针对机会，组合创造**。有的资源在某些场景下毫无用处，对另一些场景却至关重要。讲商业模式时曾经提过盲人背瘸子，其核心就是别人没有利用好的资源，创业者去让资源搬家，重新拼凑，将各自的优势资源组合在一起焕发新的价值。或者在看似平常的资源中加入了新元素，赋予新含义，从而创造新价值。TCL 在 2000 年时想搭上中国手机行业高速成长的班车，却苦于没有技术。后来它整合了一家小型技术公司 Wavecom，Wavecom 在激烈的市场竞争中摇摇欲坠，除了技术几乎一无所有。正是 TCL 和 Wavecom 的联姻，让 TCL 手机一跃成为行业新秀。再举一个常见的例子，果园进入收获季节时，人人都希望果子又大又甜，能卖出好价钱。但总会有一些被鸟啄过的坏果子或者卖相不好的果子存在。大部分果园都把这种坏果子拿来喂猪。但对果汁厂而言，被鸟啄过的果子成熟得好，甜份也足够，收购价格还低，用来榨果汁正合适。这就是对一项资源赋予了新的意义，立刻身价倍增。

**不求所有，但求所用**。创业公司刚起步时资金实力弱，不太可能像大公司一样什么都拥有，某些设备物资可以通过租赁或者借用的形式，不求拥有它，只要可以使用完成工作即可。曾经有名学生在创业时，他自己开发的一款仪器需要一台几十万元的测试设备。由于刚起步根本无力支付这笔钱。他的办法是跑到大学实验室去免费做设备维护。在取得对方信任后，在对方休息时间里以很低的价格租用设备进行测试。

**步步为营，稳步发展**。设备租用在公司发展初期是不错的资源共享手段，但随着企业的发展不可能总靠租用过日子，毕竟租用还是会对你的正常运营产生影响。当你的公司发展到需要你购置这个设备时,理想化的创业者总有冲动想一步购置到位。但市场变化莫测,公司也没有完全稳定,大量的成本支出会给公司现金流造成很大的压力,所以资源的配置要针对每个阶段的阶段性目标,去寻找和整合相应的资源,要像公司的发展路径一样逐步地、滚动式地发展。这也是为什么创业企业融资时都会有好几轮。因为公司每个阶段都有不同的发展目标,创业者为实现这个阶段性目标可以逐步融资,不至于稀释太多股份。

### 三步搞定资源拥有者

初创企业如果遵循资源获取和整合的上述原则,吸引资源方,与之结盟就是指日可待的。具体到每一项资源,其实只需要三步就能轻松搞定,如图 5-2 所示。

图 5-2 三步整合资源示意图

**第一步,识别利益相关方及其利益**。谁是你所需要的资源的所有者?他凭什么要把资源给你?建立在商业基础上的友谊远比建立在友谊基础上的商业可靠得多[⊖]。这一步的关键在于找到对方的利益关注点,并且你要说服对方你将通过什么形式达到对方的利益诉求。

**第二步,构建共赢机制**。当你识别出谁是资源拥有者时,你就确定了明确的目标。前面我们提到,人家提供给你资源一定要能从中获益,你通过使用他的资源当然也能受益,所以共赢不难理解,关键是你要用机制让对方放心不会被忽悠。新创企业死亡率很高,

---

⊖ 引用自石油大亨洛克菲勒的名言。

资源拥有者自然会再三斟酌其中的风险。你首先要做的是降低对方的风险担忧，打消对方的疑虑。20 世纪 80 年代太阳公司从科研工作站市场转战企业市场时，一家著名公司的主管曾亲口拒绝太阳公司："你现在是在跟阿波罗竞争。阿波罗是业内优秀的公司，管理良好，产品稳定，你们是一家才开始创业的小公司，即使我很喜欢你们的技术，但我担心你们不足够稳定。"当时创始人立刻承诺了三件事：首先，公司团队进驻研发技术部以示我们的合作诚意和信心；其次，公司两年之内不收钱直到系统稳定运行；最后，比阿波罗提供更有竞争力的价格。太阳公司就是通过这样的方式降低对方的风险，给对方吃下一颗定心丸才得以获得进入市场的资格。

在打消对方疑虑的同时，如果你面对的资源拥有者是一个庞大的组织体系，你还需要在对方的组织中建立自己的同盟军。你需要清晰地知道对方公司内部哪个部门最可能从你们的共赢机制中获益，你要先立足于说服这些人，让他们成为与你并肩作战的同盟军，让他们在组织内为你说话。

**第三步，持续实施达成信任。**共赢机制需要反复实践，以逐步建立你们之间的信任关系。小型创业公司可能要花费比别人更多的代价才能获得资源。一旦你把资源拿到手，就要通过自己的有效运营来巩固对方对你的信任。比亚迪公司是靠手机电池起家的。当时摩托罗拉等国外知名手机品牌需要在本地寻找稳定、可靠的电池供应商。比亚迪的电池技术客观地讲还不够成熟。为了获得摩托罗拉的信任，比亚迪的 CEO 王传福除了按时交货，还大胆承诺电池在用户的使用过程中如果出现报修或者退换，成本由比亚迪承担。比亚迪在此过程中不断摸索提高，质量逐步稳定，从而与国际大厂建立起了长期的信任关系。

对于初创企业，只有在特定的机会窗口里，才可以不断地试验、学习，逐渐建立稳定的关系。如果不是在这个机会的时间窗口里，你唯一的办法就是用钱去买这些资源。

## 各方财神爷

初创企业的所有资源中有一类资源最特殊，就是财务资源。一是因为它处于非常重要的地位，财务系统相当于企业的循环系统，决定了企业的经营流动性，一旦财务资源枯竭，企业回天乏力。二是它是最通用的资源。通用性表现在你可以用钱买到其他资源，但其他资源不一定能换成钱。正是因为它的特殊性，财务资源的吸引和整合值得单独讨论。

财务资源掌握在不同类别的财神爷手上。一类是未来的自己，即所谓的内部融资。它是指通过企业自我发展获取利润，然后把留存下来的利润再次投入企业用于发展。另一类是别人，即外部融资。现代商业中能够完全依靠内部滚动来发展的企业凤毛麟角，更多的是需要依靠外部资金助力发展。尤其是初创企业会经历一长段不断投入的时期，需要外部资金拥有者的扶持。

同样是从企业外部融资，根据财务资源方提供方式的不同又分为债权融资和股权融资。债权融资说白了就是借钱。无论是银行还是亲戚朋友等个人，他们借钱给你经营，都需要你按照约定在一定期限内还本付息。无论你经营得好与坏，到时间他们就上门收钱。

股权融资则是通过出让公司股份获得资金。投资人把钱投入你的企业不指望你付利息，而是希望能在你企业未来的发展中，从利润池里分得一杯羹，即红利。当然，他还希望退出时能通过转卖股份来赚取收益。股权投资者在获得股份后，还同时获得了经营决策权，他可以参与你企业的经营决策，从某种意义上来讲，他进入了你的企业，就跟你的事业融为一体了。

## 融资地图

一个新创企业从无到有会经历不同的融资阶段。新创企业的启动资金一般都来源于创业者自己的积蓄和亲朋好友的支持。即使在像美国这样风险投资发达的国度，自己和亲友的投资也是最高的。如果企业经营得有点眉目了，往往会进入天使投资阶段。天使投资㊀是一些自由投资者对新创企业的早期投资，一般会通过非正式、非组织化的方式来进行。天使投资高度依赖于投资人的个人偏好。比如著名的天使投资人徐小平的投资哲学就是"只看人"。只要这个创始人足够打动他，他半个小时就会给出结果。没有尽职调查，没有烦琐的程序，这就是天使投资典型的特点。

如果企业获得天使投资后依然具有良好的成长前景，往往就会进入风险投资者的视野。风险投资来源于英文单词 Venture，是探险、冒险的意思。风险投资一般以基金的形式操作，投资人将钱放入基金，由专业的团队负责投资运营。基金里的钱会投向一揽子项目，比如十个不同领域的项目，有的项目可能会赔得颗粒无收，而有的项目则能获得高额的回报。总而言之，这一揽子项目能达到平均30%～40%的投资回报率就算成功了。在中国有单纯追求投资回报的风险基金，即所谓的财务投资人，它们基本不参与公司的经营。还有一类机构叫作战略投资者，他们是由已经在业内形成了良好声誉、已经获得很好发展的企业为了自己的战略目标所设立的投资基金。他们的目的是希望在技术领域投资于一些新技术，或者是为了增加对自己核心技术的更多应用，投资相应的下游应用企业。比如百度、阿里巴巴和腾讯都设有庞大的战略投资部，负责搜寻在互联网领域里重要的应用进行投资。其主要目的是获得公司战略上

---

㊀ 天使投资这个词来自纽约的百老汇，最早是指那些富裕的人愿意支持艺术家的艺术作品登上百老汇的舞台，对艺术家而言就像天使一样。后来天使投资这个词被引入了商业领域，指那些支持创业型小企业早期发展的投资人。

的收益。

风险投资往往有好几轮,因为一家公司的估值会随着业务的发展逐步升高。如果创始人通过一轮风险投资就想融资到位,势必会稀释相当多的股权。

风险投资在经过几轮后,公司到了一定的规模,有可能会选择公开市场融资,即通过IPO上市的方式筹集资金。一旦企业发展已步入正轨,体量大了,市场上的各路财神爷也就更愿意提供资金支持了。这就是财务资源嫌贫爱富的特点,比如银行贷款也相对容易申请了,各种投资基金也乐意进来了。当然在企业的各个阶段还有一些新的融资渠道,比如最近几年政府为了鼓励创业所提供的种子基金、奖励基金等。按照企业不同发展阶段对接不同资金来源的这套体系,我们有时候戏称为"铁路警察各管一段"。

## 企业值多少钱

当企业面对股权投资人时会面临一个很重要的话题:你应该要多少钱?给出多少股份?这就涉及你要知道你自己的公司在市场上能值多少钱。你既不能漫天要价,也不要钻石卖了萝卜价。

估值,顾名思义就是估计的价值。估值的核心是对公司未来赢利前景的预测,然后在市场中找到类似行业、类似业务模式的企业价值作为参照系来估算公司的价值。既然是估计,在现实生活中每家公司估算的严格程度和使用方法都是不尽相同的,得出的结果也有可能大相径庭。最后公司的估值一定是投资方与被投方双方讨价还价后达成一致的结果。就跟菜市场卖白菜似的,卖菜小贩觉得白菜值5角钱,你可能还价3角钱,最后4角钱成交。即使是对同一品质的白菜,市场上不同的人也会有不同的出价。只要双方你情我愿就能达成最后的成交。

一般情况下，估算一个公司的估值会采用市盈率[一]的方式。它是根据公司的赢利水平来估算公司的价值，体现市场对其增长预期的评估。

但有些公司连年亏损还是受到市场的热捧，投资人趋之若鹜。投资人对于这类尚未赢利的公司，要跟踪那些证明它是否在良性发展轨道上的指标。在电商领域，人们往往会用市销率[二]作为估值的基础。京东上市时并没有赢利，就是采用的市销率估值，参照系是同在美国上市的电商企业亚马逊。亚马逊当时的市销率是1.85倍，用京东的销售收入1 000亿元与之相乘，再转换为美元差不多就是300亿美元的估值。京东选择市销率的原因在于这类电商企业的价值在于销售规模。当它的规模稳定了，各种赢利模式就都有了实现的沃土。

还有一些更早期的公司可能连销售收入都不稳定，市销率也没办法使用，那估值依然是追踪对公司发展有重要意义的指标。新浪微博上市的时候，销售收入很少并且不稳定，那它的价值在哪？它有超过1亿人的月活跃用户和6 000万人的日活跃用户。新浪微博当初也是参考美国的Twitter设计的估值方法，Twitter的市值除以它的用户数所得到的用户价值就可以成为新浪微博估值的参照系，再结合中国的实情，经过一系列调整最终就得出了新浪微博的估值。

前面介绍的估值指标只是目前实践中常见的。其实还有很多有意思的估值指标。比如2000年互联网热的时候使用过的PV数，即每日浏览量，因为当时浏览量是一个网站能否持续发展的关键指标。估值的基本原理就是在竞争的市场环境下，去找一个参照系，什么是重要和关键的指标，就拿来作为参照系。确定一把标尺，然后通过这把标尺来测量企业的价值。而标尺的不同就可能出现相距

---

[一] 市盈率＝市值／净利润。

[二] 市销率＝市值／销售收入。

甚远的估值结果。

2011年，陈一舟创办的社交网站人人网在纽交所上市。上市的时候人人网的销售收入为7 700万美元，净亏损110万美元，人人网当时的估值为50亿美元。人们对于这个估值结果众说纷纭。有人说人人网是中国的Facebook，应该找Facebook作为参照系。Facebook当年的估值是700亿美元，市销率26倍；人人网如果按照50亿美元的估值，折算下来市销率达67倍，于是有些人自然觉得人人网被严重高估了。而又有人说人人网是一个社交网站，其关键指标是用户数，如果用用户数这个标尺来估值，Facebook的用户价值120美元，人人网的用户价值40美元，于是又有人觉得人人网被严重低估了。

在一个活跃的市场中，正是因为不同的市场主体对同一个东西的价值判断有高有低才会有市场交易的出现。当时人人网的发行价定在12元左右，认为人人网市值被低估的人就乐意买进持有；而认为市值被高估的人就会逢高出货，这样才会形成了一个完善的市场。

虽然对于估值结果"公说公有理，婆说婆有理"，但最后还是需要靠企业的发展实践来检验。2014年年底，人人网的市值跌至上市时的1/5，这便是市场无声的评价。

## 一口气吃不成大胖子

大部分创始人在吸引财务资源时所具备的专业知识都相对欠缺。有些谨慎的创业者选择远离融资渠道，而有些激进的创业者则恨不得一下子融进大笔资金。要想获得成功的融资助力事业的发展，融资的节奏和计划至关重要。

**早做规划**。你要想明白你的阶段性目标及资金需求，并能向投资人清楚地陈述你资金的用途。这需要创业者提前有规划。不能等到发现资金链条快断裂时才开始考虑吸引财务资源的事。

**做事为重**。你只有将自己的事业认真踏实地经营起来，才会有投资人帮助你实现梦想。自助者天助之。早年，周鸿祎创立3721的时候连商业计划书都不会写，更甭提融资了。他就踏踏实实地把产品做出来。结果在3721网站上线第二天，IDG的投资人就给他打电话抛出橄榄枝了。创业者不要还没把事情做好就整天想着怎么去投资人那里融资，未免有点本末倒置。

**把握节奏**。孙陶然总结过三个"一点"[⊖]。第一个"一点"是融资早一点，要未雨绸缪，不要等到公司急用资金时才想到融资。第二个"一点"是规模小一点。创业者在获取资源的时候往往处于相对不利的地位，你先融一点吸引一部分资源进来，以你的努力，把公司推到下一个发展阶段。当价值显著提升后，你就可以以更好的价格吸引更多的投资，事业才能滚雪球般地慢慢做大。第三个"一点"是估值低一点。估值太高可能你和投资人的拉锯战会消耗你过多的精力，而不能将其用于企业的发展中。并且，合作共赢的态度远比一时的过高估值更有助于事业的发展。

**善于吃亏**。创业者天天守着一个案例，而投资人每天看过无数案例。所以，融资谈判的经验没有投资人丰富，这是你天然的劣势。有时候吃点儿亏也不用太计较，毕竟把事业做大才是首当其冲的，等在业内有了声誉，才有本事换来更多的资源，牺牲点利益是值得的。

**"对"优于"大"**。当你选择投资人时，选择合适的、匹配的投资人远比选择机构大的、名声大的投资人重要。对的投资人除了给你资金支持，还能从行业资源、经验分享、人才引荐等各个方面给予你帮助。大的投资人的时间、精力都被很多的创业者占据，你很难获得资本外的支持。在选择投资人时，也应该进行认真审慎的调

---

⊖ 引用自孙陶然《创业36条军规》一书。

查，他过去投了哪些企业，他的决策基础是什么，他的主要合伙人是谁，他的预期回报是多少等，只有充分了解之后的合作才能更顺利。

创业者通过有效地吸引被人控制的资源加入自己的创业项目中，通过创业项目来为利益相关方赢利，因此把握机会的能力是整合资源的前提条件。除此之外，创业者先要吸引自己的时间、精力和激情，全身心投入，才有可能吸引别人的资源。如何吸引和整合资源是创业者时时刻刻都需要关注的主题。

**要点回顾**

- 资源约束是创业旅程中一直面临的难题，有效整合资源是每一位创业者的基本功。
- 整合资源的常见原则包括：以我为主，挖掘潜力；针对机会，组合创造；不求所有，但求所用；步步为营，稳步发展。
- 资源中最通用的是财务资源。企业融资按投资主体分为债券融资和股权融资。股权投资人按不同的投资目的分为财务投资者和战略投资者。
- 企业融资渠道包括：自我融资、亲朋好友、天使投资、风险投资、政府基金投资、银行贷款、上市等。

**延伸阅读**

1.《创业学》杰弗里·蒂蒙斯 著

该书是一套创业学课程教材。书中第三篇、第四篇详细阐述了资源需求、创业企业融资、估值结构与谈判、获取债务融资等内容，具有一定的学术性和理论深度。

2.《道路与梦想》王石 著

该书是一部企业成长的真实记录。万科的创始人王石讲述了他的人生风雨历程，回顾了万科的成长故事，可以从中多处看见王石吸引资源、整合资源的真实故事。

**创业者说**

王治全，大朴网创始人，前世纪电器网创始人。

2001年毕业于四川大学新闻系，曾任夏新手机销售总监、新闻发言人。2006年创办世纪电器网（后更名库巴购物网）从事家电销售，2008年成功出售给国美电器。随后创办了家纺产品的电商平台大朴网，开启第二次跨行业创业，目前大朴网已获两轮投资，融资额近1亿元。

"再次创业时，从财务资源上讲轻松很多。因为有了一定的原始积累，我可以自己给自己做天使。大朴网还没上线就会有顶级VC来投资，我们团队的经验和历史成绩赢得了投资人的信任。"

"再创业时，社会网络里的兄弟哥们儿会帮你：有媒体资源的朋友给你媒体资源，有供应链资源的朋友介绍供应链资源。在营销和社会影响力方面都有一帮朋友帮你，而不再像第一次创业时所有资源的获取都要从0到1建立。"

"企业的融资计划一定要提前做好，未雨绸缪，多与投资人接触。一旦企业资金链紧张，再着手与股权投资人谈判时，则会非常被动，没有更多的回旋余地。"

要看朱教授与王治全的精彩访谈，请扫描下方二维码。

## 王治全与世纪电器网

> 学以致用

2009年11月26日,世纪电器网创始人兼CEO王治全刚刚结束了与易凯资本合伙人倪凡的会面。王治全希望通过此次会面,请专业的财务顾问帮自己梳理一下世纪电器网当前面临的融资选项。

创立于2006年的世纪电器网,借助当时市场上液晶电视替代传统显像管电视机的转型时机切入了电子商务领域,之后又从单一品类扩展到家用电器以及其他品类,销售额保持高速增长,独立IP访问量、市场知名度等均逐年上升。但王治全却开始日益烦恼,因为他发现自2009年起,上游供应商供货不稳定,影响到终端消费者的购物体验,导致顾客的投诉越来越多。因此,公司迫切需要融资自建仓储和物流,以保证货源的稳定性与顾客满意度。但是,融资市场似乎仍未从2008年金融危机的冲击中恢复过来,整个2009年,市场上鲜有新的对电商企业的风险投资。

通过会面,王治全从倪凡处进一步确认了风险投资市场仍处于低谷。这个结果加深了王治全的担忧:虽然公司2008年勉强赢利,但是随着规模扩大和投入增加,2009年很可能出现亏损。另外,他还非常担心引入战略投资者会对公司的经营活动进行干预,因此一直对战略投资者并不积极。

但如今,公司对资金的饥渴无以复加。在激烈的竞争中,公司若没有充足资金做后盾,那么在物流、仓储、供货渠道等方面都将无法明显改善。

**世纪电器网的成立与发展**

王治全2001年本科毕业后进入夏新电子股份有限公司工作。夏新是国内最早一批以手机销售和生产为主业的企业。他最初的工作主要是手机营销。之后,他曾担任夏新杭州分公司的手机销售总监和新闻发言人。2006年,王治全离开夏新,怀揣着创业梦想来到北京。巧合的是,他的大学学长王强此时找到他,并提出希望一起创业。同年,王治全考上了清华大学MBA,开始系统地学习管理学知识。那时，他们认为互联网对人们生活的巨大改变会催生出很多新兴的商业模式，所以一定要做互联网相关的生意，而具体在哪个领域并不重要。他们相约一起投资，着手创办一家互联网公司。

由于考虑到各自的职业经历都与家电、手机有关，他们决定做一家互联网和家电相结合的公司。在2006年前后，大家普遍认为做互联网资讯服务的成本不高，并且能有可观的广告收入。但王治全他们还是放弃了这一想法。他们决定进军线上销售的电子商务，王治全和他的创业团队对具体做法展开了激烈讨论。起初，有人提出做全品类家电销售，王治全当即坚决反对，他坚持要首先占领一个细分市场、从一个小切口切入，如只专注于平板电视的销售。王治全他们发现，2006～2007年国内彩电市场加速革命性换代，液晶电视开始大举侵占传统CRT显像管电视的市场份额，液晶电视售价高昂，消费者迫切需要得到关于液晶电视的丰富资讯以做出最优选择。

2006年11月，他们做的互动媒体和视网上线。这主要是面向广大电视消费者提供平板电视人工导购、智能导购服务。12月底，和视网更名为世纪电视网，成为国内第一家以平板电视网上销售为主业的电商公司。

2007年年初，世纪电视网开始在网上销售平板电视，当年就实现了近千万元的销售收入。2008年5月，世纪电视网正式更名世纪电器网，随后拓展业务范围，上线"空调超市""冰洗超市"，同年进入上海、深圳市场，建立了上海分公司和深圳配送中心，全年销售收入近5 000万元。2009年，世纪电器网进入广州、厦门、南京市场，建立了广州、厦门分公司及南京配送中心，并增加了产品线，逐步建立"一站式"家电网购服务平台，年访问量增至800万次，全年销售收入超亿元。

**中国家电制造及流通产业格局**

改革开放以来，政策的支持、购买力的提高以及市场需求的增长，使得中国家电行业得到了快速发展。家电行业涌现出许多生命力顽强的国产品牌，如海尔、格力、美的、海信、长虹、TCL 等。

20 世纪 90 年代，中国家电行业经历了一次洗牌，一些家电制造企业在激烈竞争中折戟沉沙，而另一些企业则走上了全国扩张之路。进入 21 世纪，家电行业竞争已非常充分，大多数厂商都受困于较低的销售净利率。

中国家电销售渠道在 20 世纪 90 年代末发生了第一次大变革。那时，专业家电连锁零售商逐步代替传统渠道成为市场主流。之前被人们所熟悉的百货大楼、供销社及个体专营店等渠道逐步在市场竞争中弱化。以国美电器、苏宁电器为代表的全国家电连锁企业，在近 20 年的时间里已逐步完成在一级中心城市的市场布局。随着家电制造企业的竞争日趋激烈，像国美、苏宁这样的大型家电连锁企业对家电产品销售的控制力越来越强，话语权越来越大。

**中国 B2C 电子商务的崛起**

电子商务的崛起强烈地影响了中国消费者的行为及偏好，也因此改变了很多行业的格局，其中家电电商企业的销售额连续几年保持翻倍增长。甚至连传统家电连锁渠道商也开始在电子商务领域布局。2002 年，国美网上商城上线，不过它更像是国美产品的展示橱窗，而非完整的电子商务业务。随后几年，国美电子商务发展并不见起色，其销售收入不到世纪电器网的一半，这与国美几百亿元的销售收入相比基本不值一提。2009 年，贝恩资本进入国美，国美才开始考虑如何进一步发展电子商务业务。与此同时，苏宁电器虽然一直强调把实体店做好、做扎实，但是随着电子商务的冲击，苏宁也放慢了实体店扩张的步伐，2009 年其门店数量与 2008 年相比已有所收缩，苏宁也开始考虑电子商务策略。

2009 年，中国家电电子商务市场上主要存在三类竞争者：第一类是综合性 3C 家电网上商城，如京东商城、淘宝商城、世纪电器网等；第二类是以苏宁、国美等为代表的家电连锁企业自建的电子商务平台；第三类是部分家电厂商自建的电子商务平台，如海信、TCL、格兰仕、志高等制造商以及日日顺等区域性渠道商均开通了网上商城。

虽然后两类竞争者还没能形成较大的冲击，但令王治全担心的是，如果不能尽快地获得进一步发展的资源，在这三类竞争者的挤压下，自己辛苦创立的世纪电器网不知道还能挺多久。

**2009年的资金困境**

电子商务将传统的实体零售转移到虚拟网络，低价而便捷的顾客购物体验令该商业模式近年来得到迅猛发展。但是，货源和物流是令所有中国电商非常头疼的问题。在货源方面，中间商的货源本就不如厂商直接供货稳定，加上营业规模的增长，令货源不稳定的问题更加突出，缺货情况时有发生，用户体验亦随之下降。除了货源之外，物流状况也令人担忧。虽然近几年申通、韵达等快递有了很快的发展，但仍未能满足电商企业快速扩张的需要。公司原本希望能在华东地区也设立一个仓储和配送中心，但因为资金紧张而一直未能实现。

2009年之前，家电厂商的低出厂价给了世纪电器网等电商巨大的毛利空间，使其能以远低于市场价的优势打动消费者，从而使公司规模迅速发展。但进入2009年以后，电商的飞速发展引起家电厂商的警觉，这种新兴的渠道打破了原有的地区价格体系，家电厂商本能地采取了"堵截"策略，将批发和零售二者间只留下四五百元的价格差，迫使世纪电器网的商品价格最多只能比实体店低两三百元。如此微薄的优惠很难吸引消费者，从而削弱了销售额的增长动力，再加上大规模扩张所带来的成本上升，世纪电器网开始出现亏损。

随着公司发展规模的迅速扩大，资金短缺的问题也越来越严重。公司2008年取得了近5 000万元的销售收入和几百万元的赢利，但是王治全和团队都看到了发展瓶颈，公司的资金链过于紧张，这是一个危险的信号。

**面临的融资选择**

1. 风险投资者

面对公司运营中遇到的各种问题，王治全最初寄希望于引入财务投资人，走和京东商城一样的高速扩张道路。根据以往的经验，风投在家电行业中的投资金额一般在 1 000 万～2 000 万美元，这笔钱能够支持世纪电器网新建一个仓库，从而解决货源不稳定的问题，同时财务投资人对创业团队决策权的独立性影响较小。

但是，2009 年的风险投资市场，在经历了 2008 年全球金融危机之后，无疑正在经历寒冷的冬天。王治全认为中国的市场空间很大，在电器领域除了京东商城至少会有第二家电商存在的空间。但是，倪凡提醒王治全，要让风险投资者相信他是那个有价值的"亚军"可能并非一件容易的事情。世纪电器网的业务模式与京东商城类似，但是规模相差巨大，单纯的财务投资人对投资决定会更加谨慎。

2. 战略投资者

**供应商**。2009 年年底，由于政府的大规模刺激计划，中国经济开始出现复苏迹象。这时，王治全发现，厂商的态度发生了微妙的变化。供应商意识到电子商务行业的发展机遇和前景，对电商的态度开始变得积极起来。如果能获得供应商的支持，世纪电器网不仅能够稳定货源，解决缺货、无货的问题，而且可以通过合作关系获取更有竞争力的价格。例如，长虹和海尔都通过一些渠道表示过对世纪电器网的兴趣。

当然，选择供应商也有不利之处。处于产业链上游的供应商往往缺乏零售经验，无法为世纪电器网提供专业有效的销售指导。同时，传统电器企业并非专业投资人，他们对如何给尚未稳定赢利的创业公司进行定价存在一些疑虑。另外，一旦供应商的投资进入，出于竞争的考虑，投资人必然要对世纪电器网所经营的产品范围和品牌种类进行一些限制，这就会涉及王治全很在意的经营自主权的问题。

**渠道商**。另外一个可能的融资渠道是大型家电连锁渠道商，如国美电器、苏宁电器。通过与倪凡的交流，王治全了解到，其实大型电器连锁企业很关心家电领域电子商务的发展。

王治全认为，如果能够获得电器连锁零售商的投资，那么会有两方面的优势。首先，世纪电器网除了资金之外，更迫切地需要供应链和物流的支持，目前国内并没有形成强大而专业的物流公司。相比之下，传统连锁零售商已在这方面花费了很大的工夫。其次，在很长一段时间内，价格战都会是电商竞争的主旋律，国美作为国内家电连锁企业巨头，具有很强的与供应商谈判的能力。业内的共识是，国美、苏宁可以依靠巨大的拿货量以低于京东商城5%～8%的价格拿到货源。

然而，与家电连锁零售商合作也不一定就是十全十美的选择。家电连锁企业本身是一个巨大的组织，真要置身于其中，如何与结构复杂的体系打交道，从而避免其干预自身经营，也会是个问题。此外，王治全还必须反复考虑，对于家电连锁零售商而言，世纪电器网的价值究竟在哪里？家电连锁企业自己就可以开展电子商务，而不一定需要收购一家创业公司。

**公司估值**

王治全正在考虑的另外一个问题是公司估值。他经过调查发现，金融危机之后，行业内融资情况低迷，并且世纪电器网在2009年由于资金链紧张，以亏损和借债告终。显然目前的经营状况并不能为王治全的赢利预测提供足够的支持。王治全在自己的一页纸商业计划书中提出了8 000万元的估值，他也不知道会不会被投资人所接受……

**请思考**

1. 王治全的融资选择有哪些？请思考各自利弊。

2. 王治全的世纪电器网在资金链即将断裂时，为什么选择了战略投资人，而非财务投资人？

3. 你觉得王治全对世纪电器网的估值依据是什么？你认为估高了还是估低了？

第6章

# 管理新创企业

【核心要领】
- 掌握产品定位的方法。
- 理解企业新创阶段管理的三大要点。
- 了解发展业务的营销思路。
- 理解现金流管理的重要性。
- 了解团队管理的技巧。

## 他山之石

芭比娃娃的缔造者露丝从小就在大姐的杂货铺帮忙,积累了最初的商业经验。

一次偶然的机会,露丝和丈夫走上了艰辛的创业之路,开始制作树脂玻璃礼品。

夫妻俩生意越做越好,为扩张事业,先后两次引入个人股东。

可惜都好景不长,两次都和股东发生分歧,夫妻俩最终回购了股份,决定自己大展抱负。

## 芭比娃娃的诞生

露丝发现每个小女孩心中都有一个大女人梦，于是重新定位了产品。

经销商从来没有见过芭比娃娃这样的产品，非常谨慎，经销商反响不尽如人意。

但市场反响热烈，一年时间就卖出 35 万个。

至今，芭比娃娃依旧风靡全球。这样一个少女的梦想成了一篇传奇的童话。

对于很多女性来说，她们对成人世界最初的理解来源于一位特殊的伙伴。这位小美人很完美，她有着天使面庞和魔鬼身材，活泼干练、开朗热情，从事过80余种职业，还有一个英俊帅气的男朋友。她就是仅有30厘米高的小女神芭比（Barbie）娃娃。今天，芭比娃娃已经度过了她的56岁生日，并远销150余个国家。可不为人知的是当年芭比娃娃的缔造者露丝·汉德勒（Ruth Mosko Handler）的创业之路一波三折，费尽周折。

1916年，露丝这位波兰裔移民的后代出生在美国丹佛市一个普通的工薪家庭。家里共有9个小孩，早早地，露丝就开始在大姐的杂货铺里帮忙，不知不觉中积累了商业经验。大学二年级时，出于对电影的好奇与喜好，她来到好莱坞，后来加入了派拉蒙影业公司。在做设计工作之余，她还收获了人生与事业的伴侣——灯具厂设计师埃利奥特·汉德勒。

一次偶然的机会，埃利奥特发现一种用于军事和工业的新材料树脂玻璃，可以制作胸针、烟灰缸等礼品。于是新婚燕尔的小两口开始了艰辛的创业之路。制作树脂玻璃礼品需要有一个熔炉，但是刚刚成婚的夫妻俩经济上并不宽裕。在露丝的坚持下，他们顶住经济上的压力买来炉子租了车库开始生产。由于熔融材料的过程会产生异味，房东驱逐了他们。几经周折，他们才获得一家洗衣店的准许，在后院搭了一间工作间，生产场地总算固定了下来。紧接着销售的问题又来了，当时的礼品生产商都是通过礼品店卖给客户，一家新企业想要获得经销商的认可并不容易，露丝只能一家一家硬着头皮找经销商推销，直到有客户签订了第一笔500美元的订单。

慢慢地，凭着新颖的设计、良好的产品质量，夫妻俩的生意越做越好，公司也逐渐稳步扩张，缺钱成了他们面临的重大困难。他们开始四处借钱投入生产。恰逢露丝怀孕在床，埃利奥特不善销售，产品生产出来卖不出去，一下子夫妻俩断了收入来源，家徒四壁，甚至连女儿芭芭拉的接生费用65美元都是别人垫付的。最后不得已他们引进了三位股东。有了资金的注入和露丝的回归，公司发展飞速，销售量很快达到了300万美元。但渐渐地夫妻俩不满其他股东为降低成本而降低产品质量和设计工艺，走低端快周转的路线，最终他们决定与其他三位股东分道扬镳。当初因为资金周转的问题盲目引进了股东,现在又发现公司的发展不受自己控制了,为了长远打算,两人只能签下城下之盟,拿着1万美元另起炉灶。

休整片刻,夫妻俩找到了埃利奥特的前同事马特,共同建立了美泰儿(Mattel)玩具公司。露丝分管运营和销售,埃利奥特分管设计,马特分管制造。初期三人合作愉快,公司发展形势喜人。随着公司的壮大,露丝认为公司应该在全美国范围拓展业务,因此积极向银行申请贷款。而马特却不愿承担由此而来的银行贷款压力。道不同不相为谋,露丝说服家里的亲戚回购了马特的股份。美泰儿公司真正成了露丝大展抱负的平台,芭比娃娃也得以诞生。

说到芭比娃娃这个畅销玩偶,其灵感也来源于偶然。有一天,露丝看见女儿芭芭拉在同玩伴一起玩剪纸娃娃,女孩子们口中念念有词,说着"妈妈下班回来再看宝宝"之类的话,她蓦地意识到,女孩子喜欢的娃娃或许不是胖乎乎的可爱小天使,或者幼稚甜美的小娃娃。每个小女孩的心中都有一个大女人梦。她们渴望的是一个儿童的成年童话。由此,露丝决定开发一款有着凹凸

有致的身材,打扮时髦;有自己的家人,从事特定的职业,似乎真实存在的玩偶芭比。在露丝看来,芭比娃娃的定位是为小女孩圆她们的大女人之梦(见图6-1)。

图6-1 芭比娃娃

这样一款凝结着爱与梦想的玩具,在刚推出时经销商的反响远没有达到露丝的预期。经销商们认为芭比与他们之前经营的娃娃形象差距太大,他们不禁质疑这样一款穿着职业服、样貌成熟的新娃娃是否会受到消费者的喜爱。故而1959年在芭比首次亮相美国玩具展览会时,只有寥寥几家经销商谨慎地下了少量订单。

然而,市场却反响热烈。芭比娃娃成了当年的爆款玩具,1959年

当年就卖出了35万个。在后来10年里，芭比的销售额高达5亿美元。至今，芭比娃娃依旧风靡全球。这样一个少女的梦想成了一个传奇的童话故事，她已经超越了玩具的意义，成了一个文化符号。

回顾露丝创业的那些年，从最初的树脂礼品开始到最终找到芭比娃娃的定位，露丝是通过不断地创新和摸索才找准业务发展的方向，在这个过程中现金流时常威胁着公司的生命。除此之外，团队的稳定性也面临着挑战。任何一家伟大的公司在成立之初都会遇到重重困难，只有过五关斩六将存活下来，才可能进入下一个发展阶段。

新创企业管理不是大公司管理的简化版，它有着自身的特殊性，是一个临时性的组织不断摸索、试错、调整产品定位和商业模式的过程。

## 管好三件事

新创企业进入一个较新的市场，往往没有现成的模板可以参考借鉴，一切都要自己摸索，并且与客户、供应商等上下游尚未建立信任关系，需要投入大量的时间和金钱成本去与现有的成型公司竞争。美泰儿决定做芭比娃娃时，因为是全新的尝试，客户经销商不认可；供应商没有生产芭比那些小衣服小扣子的准备，还没有完整的供应链条，因此要推动新产品的生产和销售困难重重。找准业务发展方向并将之做出眉目，是每个新创企业面临的重要挑战。

企业运营的每一天都需要现金，尤其是初创企业通常会面临前期大量资金投入，现金只看见出未看见进，同时新创企业没有经营历史成绩为其背书，信用记录不足，自身又没有任何资产可以抵押，发展前景也未经证实，很难从银行等外部机构融到资金。因此现金流是时时刻刻悬在新创企业头上的一把刀，一旦不注意现金流管理，造成资金短缺又无"弹药"及时补进，企业随时会走向死亡。

新创企业的团队人员全是刚刚加入的，相互间信任程度比较低，需要一定时间的磨合。每个人在团队中也没有具体的职责划分，处于暂时性的混乱状态。初创期间，人们因为价值观差异、行为模式的不匹配等造成的人员流动也较频繁，因此保证团队的主要支柱不散架是确保公司能够延续的重要因素之一。

综其所述，一个新企业的运营管理从无到有，需要在这个阶段确保三件事做对：业务做起来，现金流不断，团队不散架。唯有三者同时达成，企业才可能经过这个过渡阶段，迈向成熟企业的行列。

## 找背影

对于新创企业来说，在资源有限的情况下，必须精准定位，才能集中全部力量突破一个市场缺口。必须以最小的代价找到最合适的细分市场，定点接触到目标群体，从而走过初期的艰难阶段。

席慕蓉曾有一句诗词"只剩下那在千人万人中也绝不会错认的背影"。市场定位就如同找背影，需要在巨大无比的市场中，精准地找到心中勾勒的客户形象；然后再径直接近她，就开始了营销的过程。整个过程经历三步：首先，要把对象市场划分成无数类别；其次，要根据自己的情况选定目标类别；最后，在那个细分市场中建立自己产品的独特定位。

**市场细分**。市场细分是按照一定的特征指标把总市场划分成若干具有共同特征的子市场。其目的是缩小目标范围，找准发展方向，让企业能更专注、有效地竞争。比如，将电脑市场分为笔记本市场和台式机市场是按产品类型分类；将手机市场分为5 000元以上的高端市场和2 000元以下的低端市场就是按价格分类。创业者要把市场细分出不同的类别并认真调研每个细分市场由哪些玩家占领。

**选定目标**。在市场细分完成后，创业者就需要结合自己的资源、技能等选择最具吸引力的细分市场。对于选定的目标市场，新企业一定要能形成自己的优势地位。那些已经被占领的细分市场并不是一个好的选择，那里除了有大公司的阻截，市场空间很小，想要分得一杯羹的机会极少，并且建立优势的难度很大。即使选定了目标市场也得在持续经营中观察环境的变化，如果目标市场因为外部因素改变而魅力不再，创业者需要及时重新界定目标市场。

**独特定位**。在确定目标市场后，下一步要做的就是在目标市场中建立独特的位置和竞争优势，让自己和其他企业鲜明区分开来。任何产品想要成功都必须向顾客提供一个理由——为什么选择我。之前种种，都是为了确定目标顾客，而独特的定位则是让顾客选择自己的定锤之音。例如，王老吉在客户心中树立的形象是"怕上火，喝王老吉"，一下子就和可乐、红茶等饮料区分开来，占据了顾客心中去火饮料的位置。

一旦新创企业进行了市场定位后，就应该集中资源占领市场，否则转换的成本极其高昂，是新企业无法承受之痛。

## 营销组合拳

延续找背影的形象例子，当找到背影之后接下来要做的是让对方知道你有意，并且创造机会与对方沟通和交流，最后还要成功地在一起。对应于产品，则要让目标用户能够知道、能够遇到、能够买到还能买得起。这一套组合的营销策略就是通常说的营销4P（见图6-2）。

**产品（Product）**。产品最主要的特征是能给目标客户创造能感知的价值。新企业都将面临新产品获得客户认可的挑战，除了确保产品能够满足用户的需求，切实提供了独特的价值外，产品进入时机和场景化设置是不容忽视的两大因素。

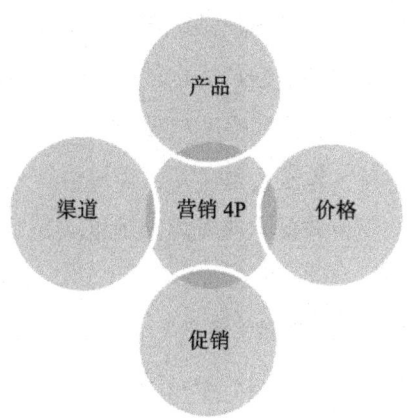

图 6-2　营销 4P 示意图

有时候一个很好的产品因为没有出现在正确的时机上而败北。例如，近年非常火的有机猪肉，其实早在 10 年前就有学生开始做了。只因为那时候整个社会的食品安全意识和环保意识不够强烈，不太可能获得市场的广泛认同，要说服消费者购买需要花费很大的成本。所以规模一直做不大。

用户价值场景化的重要性则在于让目标客户更直观地体验产品的价值。柯达相机在早期推广中不是强调技术如何先进、使用如何便捷、价格如何实惠，而是提出"带着相机去旅行"的概念，描绘了用相机凝固旅行中美好瞬间的场面感，将消费者购买相机所能带来的好处具体化、场景化了，让消费者能强烈地感知到使用相机可能带来的生活品质提升。

**价格（Price）**。价格主要是指产品定价。产品价格的设计一般有两种思路：成本加成法和感知价值法。

成本加成法是指在产品单位成本加上一定比例的利润加成确定的产品价格。这在工业品领域非常常见，因为一个产品的成本结构非常容易被拆分，也足够透明，但这种方法利润空间有限。感知价值法则是以消费者感知到的价值作为定价基础，估算消费者愿意支付的价格。很多新推出市场的产品都会采取感知价值法。还有典型的奢侈品定价，也是忽略了制造成本，通过让消费者在购买时产生的成就感、舒适感及身份认可感进行定价。

无论采取哪一种定价法，都需要注意价格在一定程度上反映品质，如果新创企业定价较低，或者降价迅速，都可能对产品品牌产生负面影响。

**促销（Promotion，或者"推广"）**。产品的推广是一个让产品走向目标用户，目标用户感知产品、接受产品的活动。这种说服客户的过程无外乎通过两种路径：广播模式和口碑模式。

前者针对不特定对象发布一个普遍的信息，是信息的单向流动。那种站在繁华大街上吆喝的方式，还有报纸广告、电视广告、电台广告等形式都是典型的广播模式，受众广泛。后者则依靠口口相传，利用顾客向周围熟人推广而扩大知名度，导致新的客户购买。这种方式弱化了广告的外衣，更易为接受者相信。有的创业企业还会通过制造公共事件或傍上名人、大公司等，成为公众关注的焦点，以极低的成本达成广告效应。例如，汪峰向章子怡求婚时使用的无人机就在当时成功地抢占新闻版面，生产该无人机的大疆公司也由此突破纯专业化的客户群体进入大众的视野。再如，甘肃的苹果找到潘石屹在社交平台上推广来获得社会的认知。

**渠道（Place）**。销售渠道是指产品从生产端转移到客户端的具体通道，一般分为直销和分销两种路径（见图6-3）。前者不经过分销商，直接由厂家面对终端客户，后者则经过一层或多层的分销商到达客户。

直销的优势是能控制产品从企业到消费者的整个过程，能够及时得到市场反馈。比如，小米手机在自己的官网上销售产品，不依赖中间商。直销还有一大优势是不依靠中间商，可将利润空间让渡给消费者，产品的性价比高。直销模式的劣势是需要花费大量的资金、精力、人力去建设销售渠道，这对于资源紧张的新创企业压力太大。

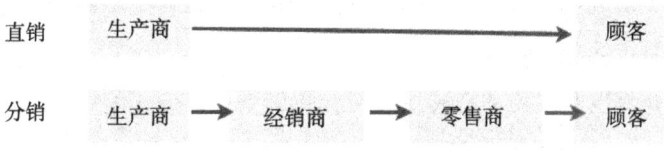

图 6-3　销售渠道示意图

分销模式要经过中间商倒手销售，优势是降低渠道建设的成本和精力，劣势是对产品的控制力变小。并且小企业过分依赖中间商，话语权小从而受压榨。即使是通过分销商销售，创业者也要明白：盯住最终用户的需求才是王道。

直销或者分销各有利弊。创业者需要仔细权衡多项因素，结合自己的战略方向制定合适的渠道策略。

## 直面业务挑战

新创企业业务发展的关键是让自己的产品快速有效地到达用户并被接受。创业企业资源有限，营销方式不可能效仿财大气粗的大企业。在直面业务发展的挑战中，新创企业应当特别注意几大方面。

**找准突破口**。这个业务发展的突破口可以是用户、地区、行业、分类等。20世纪60年代索尼开发了磁带录音机，但那时音乐磁带不普及，录音机能用上的场景不多。索尼反复调研思考，最后确定了两大突破口：一是提供给法庭速记员，他们可以把现场对话录下来，事后处理不耽误庭审；二是正好赶上日本企业国际化，涌现了一股学英语热，录音笔用作学生的学习工具。新创企业最容易犯的毛病就是用机关枪打蚊子，花费大量子弹也不见得能打死一只蚊子。20世纪90年代，中国VCD的发明者万燕公司在资金紧张的情况下，在当时发行量最大的两家报纸上做广告。他们忽略了一个问题，这两家报纸的核心用户是老干部或者机关的工作人员，他们对于新款电子产品并不感兴趣。因此广告费打了水漂，公司也没有熬到市场起飞阶段。

**全力以赴**。找准突破口以后，初创企业就应该集中全部的资源把这个突破口撕开。但现实情况往往是创业者面对很多机会诱惑，觉得这个市场有前景，那个市场也不错，总想同时打千面战，市场通吃。殊不知双手抓不了四条鱼。当年孙陶然做商务通时，就是只选择了河北秦皇岛市这样一个中级市，猛攻三个月，取得经验和成效后再向其他城市扩展就显得稳扎稳打，游刃有余。

**快速调整**。企业的市场定位无论设计得多么漂亮，在实际运行中总归需要根据市场的反馈迅速调整。创业者需要具备快速学习、快速迭代的思维和能力。曾经有位学生做电弧焊机生产，起初他照着电话号码簿挨个打电话推销，效果非常不好。后来他想到一个新的方式，去工商局先查一下相关企业的背景资料，再根据企业规模、成立时间推测客户需求程度。经由这样的筛选方式，再打推销电话，成功率就显著提升了。

**慢打样，快复制**。创业者在试验的过程中要学会不断总结，把经验做深、做透，再快速复制到其他区域或市场，在竞争对手还没反应过来前迅速占领市场，切忌还没走实就想撒开脚丫子跑了。事实上常常有创业者试图在几个完全不同的市场进行各种试验，但在推进的时候却很慢，这无疑会惊动市场竞争者。一旦竞争对手有一定体量，新创小企业很难招架得住。

一旦业务做起来了，不仅企业有了收入，改善了财务状况，更重要的是在这个市场做出成绩，树立一定的声誉后，后续获取资源的难度将降低；同时还鼓舞了团队的士气。这样一来，市场、资源、团队三者之间就能进入良性循环。

## 盯住财务状况

如果将创业的过程比作驾驶汽车踏上一段征程，完成产品设计确保了这辆汽车走上了轨道，而财务状况就是汽车的仪表盘检测着汽车的行驶状态，现金流就如油箱里的汽油，一旦用尽又没有新油注入，汽车分分钟熄火。

不仅是创业者关心企业的财务状况，几乎所有的利益相关方都睁大着眼睛盯住财务数据。股东关心你能不能把资本用好，产生效益；债权人关心你能不能按时还本付息；供应商关心你能不能及时支付货款；客户关心你会不会关门大吉没人再负责售后……作为创业者更是需要时刻关注。初创企业的前期阶段处于不断摸索、不断尝试的过程，而任何业务上的表现都会通过财务数据体现出来，因此创业者对财务状况要做到心中有数，才能看清业务发展的形势。

那关注财务状况需要主要跟踪哪些数据或者指标呢？第一方面是赢利前景，即赢利发生在什么时候；第二方面是固定资产投入的资金什么时候能回本；第三方面是现金流是否可以让经营持续发展。这三项指标的背后都蕴含着一定的财务知识，创业者需要略知一二。

## 现金流别断

当公司的利润表显示赢利状态了，是否意味着公司摆脱了财务危机，创业者可以高枕无忧了呢？如果把利润看作人体的脂肪，现金流就是让人体系统循环的血液。脂肪可以薄一点，而血液万万不能枯竭。即使公司拥有一些机器设备等资产，经销商还欠着你的货款，但都无法立刻变现，因此现金流管理尤为重要。

现金流的管理一定要未雨绸缪，早做计划。戴尔电脑一向以快速周转、低库存著称。有一段时间，戴尔的CEO发现公司利润仍然可观，但现金周转非常慢，甚至威胁到公司正常业务的运转了。后来他总结道："我们一直把目光盯在收入表上，却忽略了现金流量表，相当于我们开车时只关注车速表上的车速，而没有意识到油箱快没油了。"对于新创企业，如果不提前对加油站了然于心，真正等到油快耗尽时，不会有人施以援手。

创业者一定要在拼业务的同时把现金流问题提到最高的高度予以特别关注。要想保证现金流健康安全，无外乎从开源和节流两个方面努力。开源，不仅是卖出产品就稳妥了，还要注意减少赊销，降低应收账款余额。宁可让渡一些利润，也要及时收回销售款。另外，要留有一定的现金储备，以备不时之需。节流，控制成本开支也非常重要。新创企业切忌大手大脚地采购过多资产和原材料，资金紧张时要立即回头检查各项开支，并经常研究成本结构，寻找成本可削减空间。

如果把企业的现金流入、流出画到一张图上（见图6-4），可以直观地看见新创企业在开始阶段都有一个不断投入的过程。随着时间的推移，经营得好的企业现金流开始止跌回升，支出的现金越来越少，直到某一天，现金流由负转正，这是企业最快乐的日子。累计现金流是企业账上任何一个时点的现金存量。无论何时，这条线一定不能刺破 $x$ 轴，否则公司会立刻寿终正寝。

无论创业者多么重视现金流管理，都可能因不可控的外部环境因素遭遇现金流危机。首先，初创公司一定要保证将有限的资金投入最需要的地方，切忌多向出击、满地开花，分散了宝贵的初始投入。其次，不要将鸡蛋全装到一个篮子中，为自己留有一定的余地，不至于一次决策的失误就导致满盘皆输，为自己留下一个翻盘的机会。最后，随时做好现金流断了的准备，市场有风险，任何策略都不可能万无一失，狡兔三窟才能有备无患。

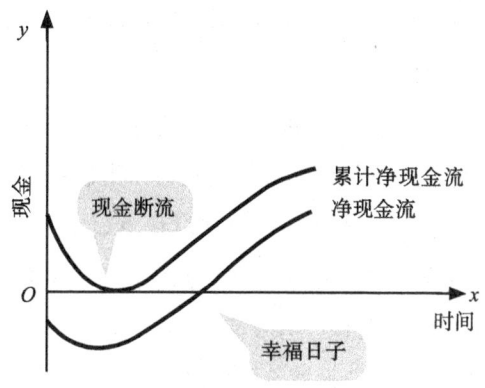

图 6-4　企业现金流示意图

## 组织别散架

创业，从来不仅是做好事，更要找到能做好事的人。新创企业是基于一个领域或者一个方向探索产品和业务模式的临时性组织，其中免不了出现各种不顺、矛盾。创业者就像驾驶员，既要把握方向开在正确的轨道上，又要有效管理这辆临时拼凑的车，零部件换换无伤大雅，重要的框架不能散。这要求创业者处理好三方面关系。

**与投资人的关系**。创业公司想要拓展市场、扩大规模要依靠资金的注入，投资人和股东既是创业公司的重要财富，又是公司的持有者之一。创业者首先要管理的是投资人心理预期，跟投资人的承诺要留有余地，切忌将话说得太满。如果失信次数太多，无疑会伤害投资人的信任，可能会导致投资人插手经营过程，对创业者的行为过度监控，甚至干预，造成一系列冲突。如果因为外部因素，当初的承诺难以实现，要尽早地和投资人沟通，提前释放消息，让对方有心理准备。其次，创业者需全力以赴赢得信任。投资人在投资公司的同时也是在投资创业者。成事和败事之间，都是在树立你和你团队的形象。一个靠谱的创业者，即使失败了，依然会得到投资人的认可。再次创业，投资人依然会给予支持。

在赢得投资人信任的过程中，也要把握企业核心控制权。创业者相对于投资人可能会处于弱势地位，为了避免出现可能的控制权纷争，创业者应通过机制设计在尊重投资人的前提下，保持自己对企业发展方向的控制。比如，在公司章程里设定不对称投票机制；或者建立某些重要事项的特别条款。像防止恶意收购的毒丸计划㊀都是一些巧妙的机制设计。有了制度的保障，才不至于像露丝似的，被其他股东以 1 万美元廉价踢出局。

**与创始团队的关系**。虽然创始团队因为共同的创业目标走在了一起，但在实际经营中，创业伙伴间也需要很好地磨合。美泰儿（Mattel）公司的马特就是在与露丝夫妇的磨合过程中有不可调和的认知分歧，最后离开了公司。好在露丝负责运营，埃利奥特负责设计，马特的离开没有严重冲击到公司的核心架子，不至于公司坍塌。创业初期再甜蜜的合作伙伴都要有意识地设计一些制度，给出局的人以退路，好说好散，不影响公司继续发展。马特离开时，露丝借钱把他持有的股份回购了，既没让马特有经济损失，公司也能正常运营。

**与核心员工的关系**。在企业的初创期，产品方向不定，业务模式在摸索中，公司里往往是一岗多责。核心员工队伍尚未成型。创业者重要的任务之一就是慢慢配齐岗位人员，对职责进行一定程度的模糊化处理，让企业更具灵活性。初创企业员工流动性一般较大，这是正常现象，创业者要努力保证核心成员与公司保持较为紧密的关系。只有这样，在公司形成稳定的产品结构和业务模式后，才有可能形成稳定的组织架构。核心员工要特别谨慎引入专业的职业经理人。他们往往在成熟的组织体系中运行顺畅，很难适应初创

---

㊀ 毒丸计划（Poison Pill）是美国著名的并购律师马丁·利普顿（Martin Lipton）1982 年发明的，正式名称为"股权摊薄反收购措施"。一旦毒丸计划被触发，所有股东都有机会以低价买进新股。这样大大稀释了恶意收购方的股权，继而使收购变得代价高昂，从而达到抵制收购的目的。

型的、灵活的甚至有点混乱的组织，并且他们习惯了有一定平台的企业，回到创业型小公司时，对公司的预期会很高，那种不匹配的心理落差可能会引发矛盾。

伴随公司的发展和个人的变化，这个松散的临时性组织总会出现各种冲突。作为创业者，为公司树立共同的愿景、使命，协调各方关系，凝聚一个有向心力的核心团队是保证组织架构不散的要素。管理初创企业，看似简单的三件事：业务做起来，现金流不断，组织不散架，实则任何一个环节出现问题都可能让脆弱的小公司岌岌可危。这就是为什么新创企业存活率低，位于企业生命周期风险最大、失败率最高的阶段的原因。

**要点回顾**

- 新创企业在资源有限的情况下，必须以最小的代价找到最合适的细分市场，接触到目标群体，集中所有力量获得突破。
- 产品定位三步骤：市场细分；选定目标市场；形成独特定位。
- 新创企业在财务管理上需要注意三个数据：赢利发生时间、盈亏平衡点、现金流的可持续性。
- 初创公司要保证将有限的资金投入最需要的地方，切忌多向出击、满地开花，分散宝贵的资源。
- 管理企业初创期做好三件事：业务做起来；现金流不断；团队不散架。

**延伸阅读**

1.《定位》⊖ [美] 艾·里斯 / 杰克·特劳特 著

书中阐述了定位理论和操作方法，用了大量的实操案例来说明和分析如何进入顾客心智以赢得选择的定位之道以获取商业成功。

2.《市场营销》[美] 菲利普·科特勒（Philip Kotler）/ 加里·阿姆斯特朗 著

---

⊖ 本书中文版已由机械工业出版社出版。

该书是市场营销的经典教材。书中全面系统地介绍了市场营销学科的专业知识,并辅佐大量案例利于对理论的理解与应用。

**创业者说**

雷蕾,北京普达译翻译服务有限公司创始人。

雷蕾曾是专业女子足球队队员,未曾接受过任何专业英语培训。她在人才济济的北京开起了翻译公司。创业之初她被别人嘲笑不懂英语、外来妹、连本科学历都没有等,但她凭借顽强的斗志、坚韧不拔的精神熬过了最困难的初创阶段。现在她的客户包括政府机构、跨国企业、公关公司等,员工全是顶尖高校毕业的资深翻译。

"我不懂外语,我没有任何优势。我唯一的核心竞争力就是网罗一批优秀的翻译用心去做。创业初期,为了让客户满意,将业务做起来,甚至不惜亏本赚吆喝。"

"一般公司推崇客户是上帝。对我而言,客户和翻译同等重要。如果一定要择其一,我一定选翻译。客户没有了可以再找,好的团队散伙了将很难再组建。我跟我的翻译已经建立了很好的朋友关系,他们远比客户更重要。"

"为了践行不拖欠翻译报酬的承诺,当客户迟迟未付款时,现金流就会非常紧张。即便如此,我宁可找朋友借钱补上公司资金缺口也绝不让失信的事情发生。"

要看朱教授与雷蕾之间的精彩访谈,请扫描下方二维码。

## 2020s 服饰的艰难摸索

**学以致用**

2012年3月初春的一天午后，一辆从浙江杭州开往绍兴嵊州的大巴飞驰在高速路上，2020s 服饰公司的 CEO 杨猛隔着车窗远眺着窗外绵延不绝的田野，午后慵懒和煦的阳光夹杂着丝丝微风从玻璃缝隙渗透而入。这次去嵊州是临时起意，没有事先规划的行程充满了不确定性，这让从沈阳一路南下经历了一周长途跋涉的杨猛感觉有点疲惫。

杨猛的服饰公司目前主营男士西服，但这次南下是为寻找男士西服配饰的战略性货源供应商。当年，杨猛夫妻双双放弃年薪不菲的稳定工作投身创业大潮，雄心勃勃地准备在学生正装市场大展拳脚，但第一家实体店即遭遇滑铁卢。不得已将业务从线下搬到了线上，利用淘宝店进行西服销售。搬到线上后，杨猛无意间发现了另一个商机……

### 杨猛其人

杨猛，出生于沈阳，本科就读于大连理工大学计算机专业。2002年，杨猛大学毕业后供职于中国铁通集团，先后从事寻呼机技术开发、互联网业务策划及运营管理。但国企拘束严谨的工作氛围和机械无趣的重复劳作让杨猛日益烦闷。2008年，杨猛毅然辞职就读清华 MBA。杨猛选择商科是希望能在知识的短板上有所弥补。这是杨猛人生的重大转折，他鼓足勇气与众人艳羡的职业生涯挥手告别。在经管学院就读期间，杨猛广泛涉猎经济、管理、营销、财务等各门课程，如饥似渴地汲取知识养分。

### 发现机会

2009年，饱受全球金融危机影响的就业市场十分惨淡。即使是在这所天之骄子云集的一流名校，面对突如其来的金融危机，毕业学生纷纷严阵以待，从简历到形象开始认真包装自己，力争赢得一份好工作。作为毕业大军中的一员，杨猛发现大学校园里的学生大部分临近毕业都没有一套自己的西服，面试及就业环境的严峻导致大学毕业生对西服的需求又显得很强烈，他意识到这可能是一个不错的商机。

杨猛仔细打听发现其实北京好多高校都有专门的学生代理甚至小型公司销售西服，已经做得风生水起，甚至还有专门的西服租赁公司。先行者早已嗅到了这丝商业机会，抢占了先机。但规模都较小。他认真研究了男生西服市场，形成了基本判断。

自1999年全国高校扩张以来，高校毕业生从1999年的90万猛增至2009年的600万，毕业学生的规模连年大幅度增长表明高校这个市场拥有庞大的学生基数。伴随着扩招步伐，蜂拥而入的高校学子就业难的问题逐年凸显。大学生初次就业率整体趋于下降，就业形势严峻。2008年，金融危机的全球蔓延加重了就业的形势。金融危机和经济周期下滑的影响致使全球企业在缩减人员规模，从供需角度来看，供远过于求。

在供需严重不平衡的情况下，用人单位面对成千上万的应聘者，招聘的流程设置越来越烦琐，面试官的评审条件越来越苛刻。毕业生在应聘上的开销越来越多。求职成本在不断地上升。同时从金融、政府机关的着装变化能明显感觉到社会上对于正装的认可和需求是在逐步提升的。

杨猛跑到清华大学周边商圈和批发市场做了简单的市场调研，他发现当时的学生正装市场处于比较尴尬的发展境地。还没有在价格、品质、品牌认知三个维度满足年轻学生需求的西装。竞争对手实力小而散，还没有服装大鳄杀入这块市场，竞争相对温和。

现有的服装销售大部分还是在线下完成。也有部分先行者开始涉足网络渠道销售。但受限于当时线上购物的发展，物流、支付手段都不够成熟便捷，购买体验一般，在学生间并没有形成太大的影响。

杨猛对于学生西服市场的分析结果激动而兴奋，他决定以一个城市发力迅速推向全国。这个城市，他选择了家乡沈阳。同时，杨猛认为线上和线下应该有机结合，才能在业务模式上有所创新。

**第一家实体店**

决定创业之后，杨猛游说了妻子张华辞职共同打造事业蓝图。他们确定了以男生正装作为产品方向，在市场选择上，杨猛多次往返北京、沈阳两地，反反复复对比两个市场的利弊，2009年沈阳高校毕业生为97 991名，市场规模不容小觑；在地域上，以沈阳为起点能快速辐射整个东北市场；沈阳竞争也较小，学生校园代理更是不成规模。同时，沈阳的人工、租金成本远低于北京。因此与北京相比，家乡沈阳都更具吸引力。

由于没有做服装的经验，杨猛四处托人打听服装加工资源，经人介绍认识了位于大连金州开发区外贸西装加工厂东阳。东阳是一家初具规模的服装加工厂，拥有多条生产线和大型加工设备，常年接受外单西服加工出口，有完整成熟的职业装生产线，拥有较大的产能和规模。经过多次接洽商谈，加工厂欣然答应以未来加工费出资，共同成立一家公司。在股权结构上，杨猛和张华共同出资50万元，持有70%的股份，加工厂以未来21万元西装的加工费出资，持有30%的股份。

杨猛出于对互联网的熟悉和对电子商务前景的看好，觉得学生是最易接受新事物的群体。他决定采取线上和线下两个渠道销售模式。

杨猛拉来了原来的同事负责营销推广。他打算等到销售旺季再招聘4名员工负责地面推广和销售。每所高校再招聘一定数量的兼职联络员负责本校的宣传。至此，运营团队搭建完毕。

**出师不利**

2010年5月公司第一家实体店开业，店铺位于沈阳商业中心市府广场的一栋写字楼里。店铺面积100平方米，年租金约6万元。第一批货杨猛便一次性地订了1 000套左右西服，满满地挂满了整个店铺。由于初期人手缺乏，网站的建设是杨猛一个人仿照着某知名网站"山寨"后上线的。

接下来的运营推广，杨猛沿袭了北京学生正装市场惯用的地面推广方式。他们到沈阳各大高校发传单，同时还雇用了部分学生作为高校联络员，兼职负责他们本校的海报张贴和宣传资料发放工作，同时通过人人网、58同城等社交媒体和招聘网站做广告宣传，登录各大高校论坛发布软文广告。

经历了长时间的筹备，线上线下销售总算运转起来了。因为错过了招聘季又面临学校暑假的来临，开业前三个月，销售额如预料中的一样萧条。转眼间迎来了新的一学年开学，销售旺季来临。但是每天实际到店的人数依然寥寥无几。网站上几乎没有直接下单的客户。团队的销售人员因为销售量迟迟上不去兑现不了销售提成而逐渐离去，经过大半年的运营，问题暴露得越来越多也越来越明显。

- **选址**。实体店虽然地处商业中心，但高校都远离市中心，学生不愿意为了一套西服在路上折腾3~5小时。

- **推广效果**。相较于学生代理在本校销售西服，杨猛他们已脱离高校圈子，没法实时监控高校联络员的推广执行情况。一整套北京移植过来的好的推广方案脱离了好的执行，效果大打折扣。

- **库存**。第一次下单杨猛才意识到西服按胖瘦分四个板型，再根据高矮不同分五个码，这样一来仅一个面料就至少需要生产20套西服。但实际销售中他们发现最畅销的面料和款式总是只有极少数，很快售罄就会缺码严重，导致滞销货积压、畅销货缺货。

- **价格**。杨猛最初估算的定价按照北京市场行情约500元/套。但他们忽略了两地学生消费能力的差别。沈阳毕业生的正装预算普遍偏低，杨猛的西服定位对于沈阳的学生群体不具有价格优势。

- **市场需求**。沈阳作为二线城市，主要雇主是当地的小型企事业单位，外资企业少。沈阳就业市场上还没有北上广一线城市毕业生那么重视包装个人形象，且在沈阳当时的毕业面试氛围下穿正装也不是"标配"。

最初的创业热情随着经验的惨淡逐渐消退，每个月的固定开支雷打不动，而流动资金越来越少。转眼间到了 2010 年年中。店铺租约即将到期。杨猛斟酌了一下利弊决定放弃实体店。2010 年 5 月门店关闭。

剩下来成堆的库存没地方处理。杨猛抱着"反正淘宝店这种网上销售渠道几乎零成本运营，拍拍照放上网就好，也不需要额外配置人力物力"的心态决定上网一搏。

**2010 年淘宝网**

2008 年席卷全球的金融危机迫使中小企业开拓网上销售渠道。同时，政府高度重视电子商务的发展，出台了一系列鼓励和扶持的政策，加快发展各地企业电子商务化。2010 年，中国电子商务市场实现了快速发展，全年交易规模近 4.8 万亿元，同比增长 33.5%。网络购物交易规模占比由 2009 年的 7.3% 上升至 2010 年的 10.4%，中国 B2C 网上零售市场规模和用户规模持续稳定增长达 1.58 亿人。从收入规模来看，2010 年中国电子商务 B2C 市场已达 560 亿元，较 2009 年 224 亿元收入规模增长超过 150%。电子商务市场的蓬勃发展尤其是 B2C 市场的崛起为大量中小型企业提供了新的销售渠道和机会。

而作为电子商务领域最大的购物平台淘宝网 2010 年的注册用户就达 3.7 亿人，在线商品数近 8 亿个，平均每天有 900 万人在淘宝上"逛街"，媲美 600 家沃尔玛的客流总量。淘宝网根据卖家主体的不同分淘宝商城（B2C）、淘宝集市（C2C）两个市场，以淘宝商城为代表的 B2C 业务交易额在 2010 年翻了 4 倍，远超集市的增速，是全网增长最快的板块。

**进驻淘宝商城**

杨猛他们关闭实体店后开始着手淘宝店铺的筹备。当时，淘宝商城还处于四处宣传推广阶段，希望吸引更多的商家入驻，进入门槛还非常低。杨猛抓住机会进入了一个全新的领域。

刚上淘宝，虽然算不上销量火爆，但比线下惨淡的销售情况好。而2011年11月11日"光棍节"那天，淘宝的双十一活动吸引了蜂拥而至的订单。一天时间里竟然销售了24套西服，销售额达13 178元！这个数据让杨猛震惊，同时，他深刻意识到网络销售的春天真的到了，从而坚定了他坚守线上销售的信心。

双十一后杨猛几乎没有运用推广手段和宣传经费，业务自运行也进入了比较迅速的增长阶段。原来针对学生的西服500~600元/套无人问津，而现在客户群急剧扩大，出现了一大批结婚客户。他们除了购买西服顺带会买一些诸如领带、皮带、胸花之类的配饰。针对婚庆市场的客单价可以高达1 000元。杨猛将用于结婚的亮面西服打造成了店里的爆款产品。2011年，他们通过淘宝网共计销售了1 000多套亮面西服，直到断货缺码为止。杨猛为了更好地销售亮面西服，多次往返批发市场进一些周边配饰搭卖，如领带、方巾、领带夹、袖口、腰封等。

同时，杨猛发现合作工厂随着外贸市场的复苏，根本无暇顾及他，制作费也比市面高，慢慢地杨猛停止了在合作厂加工。

**柳暗花明**

2012年春节前夕到了结婚旺季，伴随着西装销量的上升，店里销售的配饰、领带等出货量开始出现井喷，主角西装虽然单价价格较高但是销售数量不及配饰。并且配饰毛利率达70%左右，远高于西服的40%，销售配饰不仅毛利率高，而且配饰这样的标准产品能更快地促成销售，退换货率都远低于西服。卖配饰的精力投入远低于卖西服的精力投入。配饰的竞争更小，全淘宝西服搜索共有28万件产品，而领带搜索结果只有4.7万件。

看着分析数据，杨猛决定去批发市场多进一些配饰卖，调整货品品类比重。但批发市场的货已经不能完全满足店铺的需要。一方面，有时候热销的款再去批发市场进货时已经售罄，无法找到合适的货源，而有时候从杂志上看到的新季流行花色却没法在批发市场上找到相近的款式。货源的不稳定极大地困扰着杨猛。另一方面，西装的销售业绩也不错，一切都在按部就班的运营中，现在是否应该大规模地引入西服配饰销售，而逐渐退出正装市场？如果将业务重心转向配饰，能不能找到战略货源供应商？一切都还未知。

**领带之都**

这次杨猛从家乡沈阳出发到了江浙著名的服装批发集散地杭州四季青，他满心以为在全中国著名的服装批发地能找到想要的正装配饰，但兜兜转转两天了，都没有自己想要的配饰货源。晚上，他上网搜索时无意间发现了"领带之都嵊州市"。

绍兴嵊州地处浙江东部，属长江三角洲经济圈。截至2009年，嵊州市共有1 308家领带企业，年产领带3.5亿条，占全国领带产量的90%，接近全球领带产量的40%，产值超100亿元，属于全球最大的领带制造基地。

杨猛再次满怀希望地奔向嵊州……

**附件1　公司销售额及运营成本统计图**

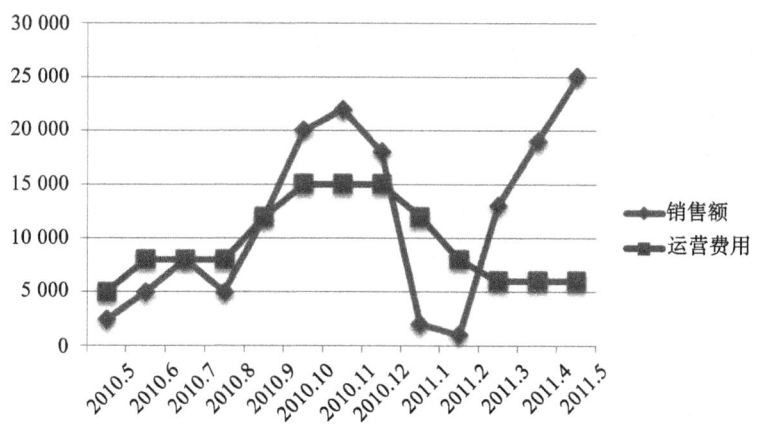

资料来源：根据杨猛提供的数据整理绘制。

**附件2　2020s淘宝商城销售额**

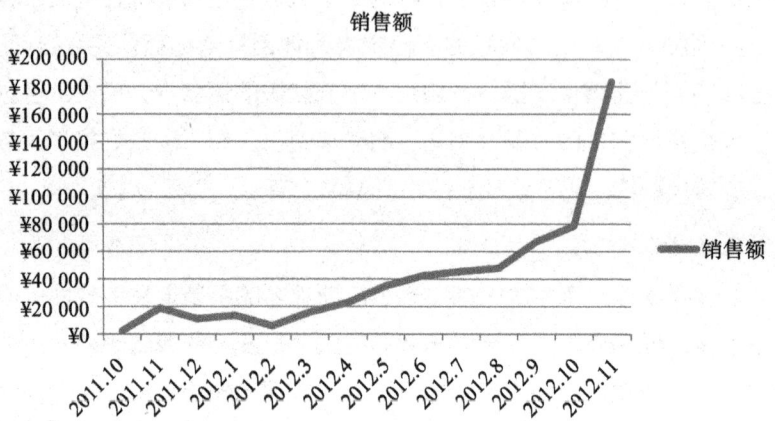

资料来源：根据杨猛提供的数据整理绘制。

**请思考**

1. 杨猛的服装实体店和网站失败的原因是什么？

2. 杨猛选择加工厂作为合伙人，你认为合适吗？为什么？

3. 请描述杨猛在创业过程中不断调整业务模式的过程，从中你有什么体会？

4. 试比较正装西服和配饰的异同以及在网上销售的优劣势对比。如果你是杨猛，你会选择进入配饰市场吗？

第7章

# 管理企业成长

【核心要领】
- 了解企业成长的动因和来源。
- 理解企业不同发展阶段的特点。
- 了解管理体系的内容和构建原则。
- 把握企业成长期运营的重点和风险点。

## 他山之石

人们常戏谑韩国人一生无法避免的三件事：死亡、税收和三星。

三星创始人李秉哲出生在一个富裕的农民家庭，26岁前跟当时大多数纨绔子弟一样沉湎于吃喝玩乐。

直到有一天他向父亲哭诉想开创自己的事业，父亲给了他一笔启动资金。

他开了家碾米厂，创造性地进行了分组生产，奠定了运营管理模型。

## 三星王国的早期岁月

激进的扩张禁不住宏观市场的波动,碾米厂倒闭了,李秉哲的事业回到原点。

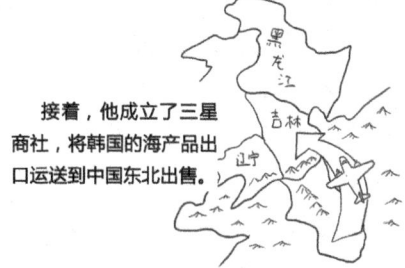

接着,他成立了三星商社,将韩国的海产品出口运送到中国东北出售。

他还开过糖厂、化肥厂、电子行业、半导体行业,经历过起伏伏的创业生涯。

最终,因为李秉哲事业方向与国家的发展步调相匹配,成了享誉世界的三星帝国。

三星作为一个耳熟能详的消费品牌，大众对它的熟悉更多源于三星电子。其实三星集团涵盖的产业非常广泛，涉及保险、造船、航空、能源乃至游乐园等诸多领域。它的销售收入甚至占到整个韩国GDP的7%。有人说韩国人一生无法避免的三件事：死亡、税收和三星。

如果追溯至20世纪20年代三星初创的岁月，它跟任何一家世界500强无异，也经历了从无到有、从小到大的艰难过程。三星的创始人李秉哲出生在一个富裕的农民家庭。他早年曾赴日本早稻田大学留学，后因脚气病回家休养。直到26岁前，他跟当时多数纨绔子弟一样在社会上晃晃悠悠，沉湎于吃喝玩乐，花天酒地。直到某天，他忽然厌倦了这样颓败的生活，决定要干一番事业。

他找到父亲坦诚了自己的事业雄心，父亲惊诧于儿子的变化，给了他一笔启动资金。他又四处搜寻资源寻找合适的创业机会。当时整个社会经济非常落后，生活物质匮乏。李秉哲敏锐地觉得将稻谷收购回来用机械方式去壳，再将产出的大米卖向市场是个不错的生意。于是他带领三个小伙伴开起了碾米厂。运营一年后，碾米厂表面上销售状况良好，但年底算账却亏本了！通过一番调研他发现，问题出在对原料市场疏于关注。市场上粮食价格波动厉害，每批稻谷循环着进仓库，成本时高时低。碾出的米有时卖给消费者正好赶上价格下跌。所以李秉哲花了高昂学费上了第一堂创业课：关注市场变化！第二年，李秉哲开始监测成本的波动，果然不久碾米厂步入正轨，规模越扩越大，工人数量也扩充到50人。可是人一多，就出现了人浮于事的情况，没有收获应有的人均效率。于是，他启动了创业的第一次管理工作：将这50人按碾米流程进行了简单的分组，收谷物的一组、过磅的一组、记账的一组等。分组之后效率有了极大的提升，这就是三星王国最早的运营管理雏形。

碾米只是粮食生产链条上的一环，市场成长空间有限。当时正好赶上韩国工业化进程，大批农民进城务工，导致大量农地撂荒。于是李秉哲想到了向产业链上游扩张。李秉哲大手笔地从银行贷款买地，雇请农民种地，将粮食再回收加工后出售。大米的整个生产销售链条都控制在李秉哲手中。然而人算不如天算，这次扩张却遭遇了1937年日本侵华战争，日本银行收紧贷款，要求李秉哲提前还贷。碾米厂现金流骤然吃紧，李秉哲不得不出售农田套现还款。市场眼见最大的地主大肆抛售土地，地价自然暴跌。最终李秉哲迫不得已，将碾米厂转手还贷。这一次快速扩张步幅太快，禁不起外部市场的波动，无法预料的市场环境摧毁了李秉哲的事业。

创业者血液中往往跳动着不安分因子，跌倒之后又会坚定地再次上路。短暂休整后的李秉哲又将目光瞄准了中韩之间频繁交流带来的出口贸易机会。他把韩国的海产品出口运送到中国东北出售赚取差价。公司取名三星商社，取韩语"大、强、清澈、深远"之意，希望公司基业长青，亘古流传。三星商社在经营出口贸易的同时，还发现了另一个商机：有家日本酿酒厂经营不善拟出售。李秉哲将它迅速盘下来，取名"朝鲜酿造"。就这样，三星商社的体系中并存了贸易和酿酒两项业务。慢慢地，李秉哲发现一个人管不过来了，他果断地聘请了一位名叫李顺根的人来负责商社的日常运营。李秉哲不仅将业务全盘委托给了李顺根，还十分信任他，甚至在只身前往首尔开拓市场时，毫不犹豫地将三星商社交给李顺根打理。从那时起，李秉哲就坚信人是企业运营最重要的因素，要信任别人并大胆授权给别人。

李秉哲到达首尔时正逢第二次世界大战结束，整个韩国处于大建设时期，对包括钢铁、纺织品、药品、肥料等在内的基建和生活物资需求极大。李秉哲凭借商业直觉和创业经验创建了三星物产，经营生活物质。后来由于朝鲜战争爆发，李秉哲的事业被暂时中断。第二次世界大战后，物资需求更呈井喷式爆发。李秉哲经过深思熟虑决定进军制糖业，一来糖品是老百姓的生活必需品，需求稳定；二来韩国还没有自己的制糖产业，根本谈不上竞争。于是他通过向日本、德国企业学习，自建了一条制糖生产线。糖厂仅仅运营了三年，市场份额就占到了全韩的93%。糖厂的成功是一个重要的里程碑，标志着李秉哲从小型贸易商转向具备战略眼光和胆识的企业家。

后来李秉哲又涉入纺织、肥料等各种产业。无论进入哪个领域，他选择的标尺只有一个：顺势而为。他发展的每一项事业都跟国家的发展步调匹配。20世纪50年代末，李秉哲力排众议，坚持进军电子行业,从零开始制造电视机。这次"豪赌"更加彰显出他卓越的商业思维和企业家气魄。20世纪60年代,李秉哲又进入非常前沿的半导体产业,随后再进入通信产业。他始终坚持把业务的发展方向与国家的发展需求紧密联系在一起。类似三星这样的发展道路在其他国家的企业中也并不鲜见。日本的索尼、三洋,中国的联想、中兴、华为等,无一不是与国家的宏观发展战略相契合,从而搭上东风,实现自我快速发展的。

三星能成为蜚声国际的伟大企业,在很大程度上归功于创始人李秉哲的战略眼光和变革胆识。李秉哲在三星早期起起伏伏的发展旅程中做对了很多事,同时也犯过初创企业在快速扩张中的典型错误。这就是我们要探讨的:当企业初步站稳脚跟后,创始人应该如何更好地管理企业成长。

## 成长的烦恼

企业跌跌撞撞地度过了最难挨的初创期后,找到了业务方向,有了稳定的客户和利润,接下来将面临成长的烦恼。如果成长会带来越来越多的麻烦,那么选择小富即安不行吗?事实上,作为创始人,即使你不想主动成长,也是"人在江湖,身不由己",会有几股强大的力量推着你"被动"成长。一部分外部力量来自企业的利益相关方。

**客户的需求。**一向合作愉快的客户因为它自身发展或是管理的需要,可能会要求你提供更丰富的产品选择以满足他的需求。假设你是专注于为客户提供食堂外包服务的餐饮公司,解决客户的员工就餐问题,随着客户自身规模的壮大,他希望你能把物业、清洁也一块外包了,以方便他管理。那你做还是不做?

**员工的追求。**员工跟着你打江山是怀揣着梦想的,他也希望自我价值能够通过企业的成功实现。如果企业不能逐步成长,不能为员工提供更大的发展舞台和成长空间,依旧守着那点小有成就的事业原地踏步,将很难留住有才华、有想法的员工。一旦你的企业停止成长,人才会往高处攀附,干将的流失不可避免。

**投资人的要求**。投资人投资的目的是获得理想的回报,所以资金才会在市场上追逐好的项目。投资人当然希望你做大蛋糕,收获利益,并寻找合适的机会退出。因此,投资人受利益的驱动,自然会鞭策你的企业成长。

**政府的推动**。有时候政府出于税收和政绩的考虑,也会希望你成长。它甚至会为了你能快速成长抛出一系列丰厚的利好条件和优惠政策。

一方面,这些力量对于你来说,可以算是诱导你的公司"被动"成长的外因。无论是出于责任的担当,还是情谊的肩负,都会有强烈的力量推动前行。另一方面,作为创始人,自己的雄心壮志则是重要的成长内因。绝大部分企业家都有理想和情怀成就一番事业,否则就不会折腾着去创业而选择舒适的工作了。人的欲望会随着事业的逐步成长而增加。当你识别机会和整合资源的能力逐步增强,总会想着更快地抓住机会壮大。

当然,如果你态度坚定,主观意愿就是不成长,也不受利益相关方的影响,那你就需要思考竞争环境是否提供给你这样的安全地带,竞争者在你的地盘之外按兵不动,让你的企业可以自由呼吸?你的核心竞争力是否很难被模仿?你是否占据了某项独一无二的资源?比如,像欧洲的传统手工艺,它们在老客户中有代代相传的口碑;日本的温泉,持续经营1 000年仍旧保持世界独此一家。这些企业之所以没有选择扩张却能代代相传,是因为它们的事业有很高的进入壁垒,竞争者无法蚕食它们的市场份额。而你的事业也是这样的吗?

## 寻找成长基因

几股力量给了你推力，你主观上也愿意企业走上成长之路，但如果你所在的领域成长潜力有限，甚至这个行业已经整体步入衰退期，那么你使再大的劲，也无法扭转颓势。尤其是在一些经济和社会发展平稳的地区和行业，发展空间极为有限。今天来看，你可能逆转胶卷相机让位于数码相机的发展大势吗？你可能改变电子媒体比传统纸质媒体受众群体广泛得多这一事实吗？三星的例子也让我们看到，它的业务发展始终与国家经济和社会进步的方向保持一致。只有这样，三星才能保持足够广阔的成长空间。

除此之外，初创期积累的经验能以多快的速度复制到新的领域，也决定了是否具有成长潜力。开拓北京市场的手段在上海市场还灵验吗？做护手霜的运营经验能复制到彩妆系列吗？如果以前积累的经验不能快速进行移植，那么成长的目标实现起来就会比较困难，因为快速的成长往往等不起反复地试验修正。

只有你的事业处于蓬勃发展的领域，同时你作为创业者对成长的速度和节奏有十足的控制和管理能力，这样的成长预期才是可实现的。

企业成长的模式归根到底有两种。一种是规模经济，其核心是将同一个产品或服务扩展到更广的客户群体。客户数量多了，自然摊到每单位的成本就低了，因此就有了规模经济性。另一种是范围经济，简单来说就是针对同一客户群体提供不同的产品和服务。比如，原来在社区向家庭主妇提供大米出售业务的小店，现在针对这些家庭主妇提供柴米油盐一系列产品。有的企业可能会选择两种模式兼而有之。

就范围经济而言，如果按照业务范围是否有关联性，可以分为一体化和多角化两个方向。一体化就是打通上下游。比如，你原本是卖水的,你在考虑范围经济时可能会想到直接进入水的生产环节,生产、销售自己通吃。而多角化也是常见的增长方式,是从一个行业一个产品扩展到多个行业多个产品。三星最初从糖厂转入纺织,再跨界到化肥、电子,你会发现这些业务间的内在联系很小,是典型的多元化发展路径。

## 企业生命周期

企业成长跟人的生长发育一样,也会经历不同的阶段,而每个阶段又有其特有的规律和应对策略(见图7-1)。企业从零开始的初创期是非常关键的两年,有时候也称为婴儿期。这两年中,创业者在用一个临时性的组织不断地探索、推行、验证头脑中的创意。这个阶段的目标是摸索出赢利模式,基本确认对市场客户的定位正确、产品正确、创始人搭建的团队正确。

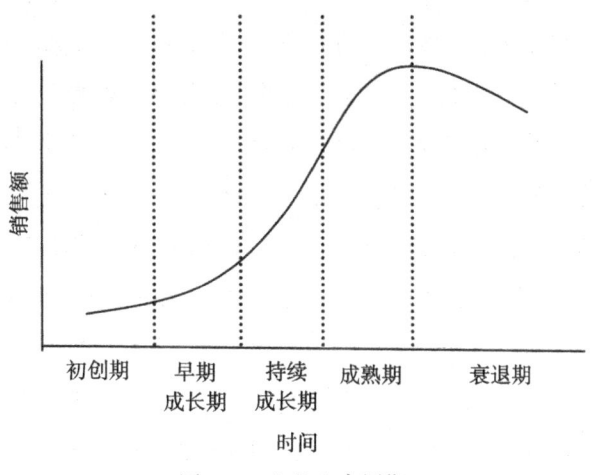

图 7-1 企业生命周期

跟跟跄跄地度过初创期,接着就要思考初创期的成果如何更大范围地复制,即早期成长期。在这个阶段,你的客户范围扩大了,你的销售收入增加的同时,管理的复杂度也增加了。比如,你的产品在初创期的时候，客户群体主要是年轻学生，他们的学习能力、动手能力都很强，你生产的产品他们自己就能轻松安装。而随着客户群体的扩展，大叔级别的客户也进来了，这时候针对同一产品肯定就需要增加其他的服务来辅助他们使用。不仅如此，大叔级别客户的购买决策模式可能与年轻学生大不一样，那么你的推广方式、渠道等都将面临变化。这样一来，你可能需要增加更多的人手，甚至需要在增加人手的同时，潜心琢磨出一套有效的运营和管理的工具。因此业务运作流程和企业组织的概念应运而生。

早期成长期的增长来源于初创期的单一产品所获得的销售收入增长。当你的企业在某一产品领域有了一定的市场份额的时候，企业慢慢要开始进入持续成长期了。这一阶段最大的不同在于，企业不再是靠单一产品打天下，因为任何一个产品都有它市场可接受的生命周期，基本不可能凭借单一产品保持持续增长。那么，这一阶段的成长主要有两个来源：要么通过原有产品的更新换代来获得新的增长，要么通过品类的扩张收获"多子多福"。例如，一个做电视机生产的企业开始生产空调、洗衣机，还把上游电子元器件一并收购了，自然管理的难度会随之加大。这时候，企业必须把自己的组织结构确定下来，设计恰当的分工和组合。同时，企业必须得有正规的流程，使企业离开创始人也能平稳地运行。星巴克、肯德基等就是业务流程化的经典范例。它们对每一岗位每一步骤做什么都有明确的规范，每位员工看了岗位守则就清楚自己的职责，整个企业得以有条不紊地运行。在上述两个成长阶段时，如果管理的复杂程度急剧增加，人才储备跟不上，管理制度没搭起来，往往会导致企业没有死在创立的路上却死在了成长的路上。

如果平安地度过了两个成长阶段，企业将会进入持续开发新产品、新业务，销售收入较稳定的阶段——成熟期。成熟期能持续多久高度取决于技术范式或社会结构的变革。索尼、先锋都曾是时代的佼佼者，等数字革命到来的时候它们所在的领域被完全颠覆了，如果没有提前预备应对措施进行变革，那它们离寿终正寝也不远了。

一般的企业走到最后往往逃不掉衰退期。但也有少数企业是通过创新推动企业的转型，开始企业新的成长周期。这需要企业内部有强大的创新精神。企业在衰退期要想转型相当不易，将遭受来自组织内部的抵抗，惯性作用也会使庞大的企业转身困难，这也是极少有企业能做到基业长青的原因。

## 管理体系金字塔

企业进入成熟期一般规模较大，市场份额较高，不太容易被竞争对手断送命运了。成熟期的企业相比初创期的企业最显著的特征是：为了适应企业成长的需要，慢慢建立了一套管理体系；企业要在逐步建立这套体系的同时还得确保业务增长。

企业在成长过程中逐步建立自身的管理体系是走向正规化和组织化的过程。初创期基本上建立了企业运营的框架，还谈不上管理，这一运作体系完全依靠创业者和团队成员通过人与人的协调来完成，并没有成文的规定和惯例，需要不断耗费人力、物力来组织、协调、跟踪。比如招聘，可能创业者觉得某人不错，那就加这个人吧。这是很随意和临时性的，没有一整套的招聘流程、考核标准、薪酬设计等。

当在初创期完成了管理体系金字塔的基石，确立了市场定位、产品，也获得了财务、技术、人力等雄厚的资源，伴随业务发展越来越快，这种简单随意的方式就会显出低效、无规矩的弊病。这时就需要逐渐建立一套管理系统，把计划、组织、控制以及人才培养纳入整个公司框架中。这部分管理系统建立起来后，下面的运行系统就能规范化和流程化。在这个管理体系金字塔的最上端是企业文化、愿景等，它统领整个公司的发展方向，起着指明灯的作用（见图7-2）。

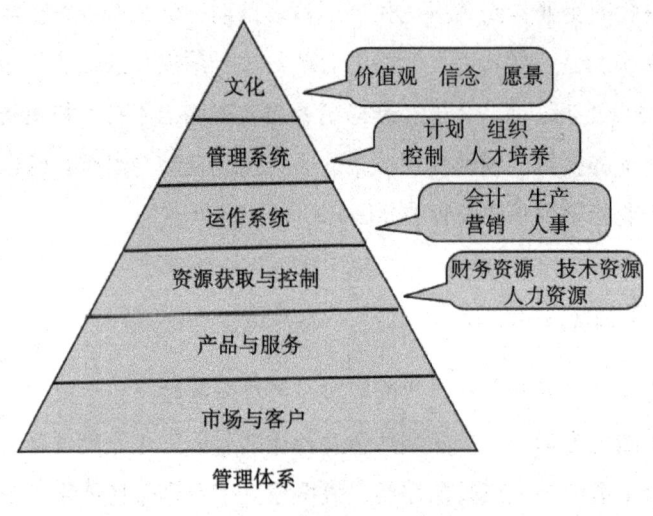

图 7-2　管理体系金字塔

管理体系建设的核心内容有两大方面。一是逐步建立事物运行的流程，让流程规范化和标准化。建立流程是什么意思？你可以回想当初大学新生报到时的过程。交验录取通知书、审核身份证、办理学生卡、拍照、分配宿舍等就是一系列事件有顺序联系在一起的流程。今年你是被师兄、师姐带去走了一趟报到流程，明年你可以完全复制这样的流程迎接师弟、师妹，每年周而复始；同时一个系的迎新过程还能复制到所有院系，这就是流程的规范化和标准化。这个流程的标准化是需要经过一定阶段的：首先是瞎做、乱做阶段，其次归纳总结，然后形成成文的规定，接着公司上下不断宣贯，最后实施、调整才得以成型。

二是组织设计逐步正规化。企业初创时一人分饰多角，职能相互交叉，在客户那里的接口很少，如咨询、下单购买、开发票、投诉等都由同一个对应接口来完成。而随着业务的发展，企业内部开始慢慢地分出营销、客服、财务等部门，各司其职，客户不同的诉求可以对接不同的部门，形成部门设置的体系。

## 磨刀不误砍柴工

几乎所有成功的企业在建设管理体系的过程中都会爆发一些矛盾。冲突核心就是业务发展与管理体系建设的不平衡。业务发展速度和管理体系搭建之间就是一个磨刀和砍柴的关系。磨刀不误砍柴工，磨刀的过程有一些招式可循。

**平衡业务发展速度和发展能力**。发展速度是企业成长指标的增长，发展能力则是管理体系的建设。企业建立管理体系需要投入资源，也会分散创始人或核心员工的精力，从而容易忽略业务的发展。一旦业务发展没了，再优秀的管理体系也是空中楼阁。因此，你需要判断在管理体系建设上要投入多少资源、精力，绝不能太多牺牲发展速度。

**循序渐进忌革命**。初创企业好不容易存活下来，逐步建立了一些业界声誉、稳定的产品和团队，突然进行颠覆式的革命会熄灭公司发展的火种。有些创始人随着眼界的开阔，总希望移植别的企业的成功经验，一步到位，殊不知这样的革命真的会丢命。循序渐进的方法就是缺什么补什么，哪里弱哪里改。比如，营销和销售两种职能何时才需要分开？随着公司规模的扩大，企业需要在整个消费者群体中建立自己的声誉。这时候，除了对接单个、具体消费者的销售团队，还需要有专门的团队组织大范围的营销活动，到这时这两个职能才需要逐步分开。

**自己主导亲自操刀**。管理体系的正规化和管理的升级一定要在创始人及创始团队的主导下进行，是自我更新和自我改造。过去20

年，中国的民营企业在度过了最初的发展阶段以后，通常希望引进一些空降兵[一]来改造自己的企业。这其实是一个比较大的陷阱。空降兵带来的管理经验能不能应用于你的企业是需要打问号的。你自己企业这个机体对于外来的器官可能会遭遇排异反应，它足够使你的免疫系统失效，导致机体的衰竭。时刻记住空降兵只是来帮助你，你不能期望以此省事地建立适合你企业的管理体系。他了解这个组织机体需要时间。这里当然不是全盘否决空降兵的作用，空降兵的管理经验和专业素养是企业很好的外部补充，但可以从两个方面进行平滑过渡：一是缓降不要急降，等他先进入企业适应、熟悉团队后，再慢慢释放他的想法；二是先降到略低位置，外来和尚念的经再好，一个人是念不出来的。这需要团队的人对于外来和尚的认可。普通同事的加入尚有一个磨合适应的过程，更何况是空降兵。他将直接成为很多员工的领导，带领团队前行，因此更需要让全公司对他有个认可的过程，否则位置太高被架空，也实现不了空降兵的作用。

此外，在这个阶段，砍柴一样不可懈怠。无论创业者野心有多大，业务扩张速度都不可以超越管理水平。仔细看看企业的增长曲线，早期的健康状态应当是平滑向上的增长曲线。最怕企业的销售收入暴涨，陡增成指数曲线的样子，出现很大的拐弯。加速度大意味着业务发展出现了结构性改变，这对于企业的管理水平提出了超预期的要求，稍有不慎就会带来灾难性后果。

还有一点值得警醒：谨慎多元化。多元化看起来很美好，一旦出问题，不仅新的行业做不好，原来行业积累的成果也会丧失殆尽。俗话说，"隔行如隔山"，你可能并不具备那个行业所需要的知识和经验，并且你和你的团队成员精力有限，一旦分散精力进入新的领域，有可能遭遇两端失守。在做加法前，你应认真掂量下所具备的资源和能力。

---

[一] 空降兵是指空降到某个部门、某个区域或某个新公司执掌的高管。

## 风险警示器

企业虽然已经渡过了轻易夭折的初创期，但在成长期也需要时刻关注风险。创业者可以通过监测几个重要的定量和定性指标来观察企业是不是运行在风险的边缘。

**利润和现金流**。这两个指标的重要性不再赘述。在这里只是想强调，有些企业过度关注营业收入，但没有冷静思考营业收入增长的驱动力是什么，会不会是注水的虚胖。20世纪90年代有一种和脑白金一样轰动全国的保健品——三株口服液。销售收入从1994年的1.2亿元迅速增长至1996年的60亿元，它是怎么实现的呢？地毯式人肉推广！高峰的时候它有600家子公司，2 000家办事机构，15万名销售人员。这样热热闹闹的推广突然某天遭遇了农民投诉三株口服液喝死人的突发新闻事件，形成全国性的信誉危机，一个庞大的企业轰然倒塌。盲目追求销售收入容易被虚假繁荣蒙蔽双眼。

**隐性成本**。到了这个阶段一般企业都会有多品类产品。创始人容易进入一个误区：好像每增加一个产品品类就增加了赢利的可能性。殊不知增加产品品类的同时你得增加管理成本、创始人的精力等隐性成本。史玉柱反思当年靠巨人汉卡成功后又快速失败的教训就说，电子传真机、防病毒卡、手写电脑等一个庞大的产品系销售收入有壮观的300亿元，但利润却只有4 600万元。这么多的销售收入全被成本消耗掉了。摊子铺得大不代表收益就高。

**部门协调状况**。部门的设置越多越复杂，各部门之间的沟通越少。一件事情需要不同的部门来回拉抽屉，相互多次沟通，将耗费大量的沟通成本。

**人员规模**。当人员快速扩张的时候，有可能会出现一个人在干、两个人在看、三个人捣蛋的人浮于事的状况。你可以通过销售收入的增长、人均销售收入的增长、人均利润的增长三者之间的对比，基本判断出人员的增长是不是在一个正确的轨道上。2011 年，凡客经历了过山车式的发展。年末投资人将销售目标从 60 亿元跨越式地提到了 100 亿元。当时，公司 CEO 陈年决定扩大产品品类：本是主营服装的凡客甚至连拖把都卖，恨不得开个像沃尔玛一样的网上百货商场。品类扩张需要大量的人员管理，在发展到极致的时候，凡客有几百个总监级中层，同时还得设立几十位副总对这些中层进行管理。而 2012 年服装业又步入清库存阶段，库存服装对市场形成了极大的冲击，公司庞大的人员团队形成了巨大的负担，陈年最后不得不通过大规模裁员和收缩品类来度过寒冬。

这都是商业世界血淋淋的教训。创始人应时常观察对比这些定量或定性指标的异动，它们往往会发出警示信号避免公司偏离轨道。

## 创始人再定位

在企业的成长管理过程中，除了管理体系建设和业务运营外，还有一大挑战是创始人角色的转换。作为创始人，一旦决定跟所创立的企业一起成长、一起转型，那就需要在自己的身份和定位上有关键的转变，角色由"跟我冲"逐渐转变为"跟我上"。这样的转变大概包括四个方面。

**由球员变成教练**。创始人将逐渐退出一线的业务运营，而把重点放在如何驱动一个组织进行业务运营。很多创始人喜欢自己埋头做事，一切可控，而去指点别人做终归有不如自己愿的地方，还得为别人的错误埋单。

**由划船的变成掌舵的**。初创期时需要创始人找方向，并且提炼业务模式。到了成长阶段，更是如此。原来拼命划船的家伙需要逐渐变成一个观察水流趋势和风向的掌舵者，重心将放在寻找战略方向上。

**由开船的变成瞭望的**。除了寻找前进的方向，你还需要留意前面哪有暗礁、哪有浅滩，要在市场的动态变化中关注企业发展面临的风险，提前做好风险规避准备。

**由做事的变成琢磨人的**。在这个阶段，随着管理体系的逐渐建立，创始人要逐渐从做事的层面抽身转向领导者的层面。管理体系的目的就是驱动人做事。在这个过程中，创始人需要学会放权，学会把事情交给别人去做。有的创始人也明白这个道理，就是放手不放心。事情交代给下属了，老是关注别人做得如何了。过多地干涉和指手画脚，一来员工信任感受挫；二来员工畏首畏尾，丧失创造性。有的创始人还有另一层担心：放权会有腐败吗？会有道德风险吗？答案是不可避免。但正确的方式是通过制度和机制的建立去防范，而不是采用人盯人的方式规避。

## 收获企业成长

如果企业熬过了初创期的艰难日子，到了平稳发展期，作为一名创业者，就可以苦尽甘来收获企业成长的价值了。收获企业成长价值的途径主要有三个：上市、并购、加盟连锁。这三种途径没有孰优孰劣的比较，不同的行业类型和不同创始人的意愿会导致不同的选择。

**上市**。上市是指通过公开的股票交易市场来发行公司的股份，以募集用于公司发展资金的过程。通常所谓的 IPO（Initial Public Offerings）是首次公开募股。它的好处显而易见，不仅能募集到资金，而且对于声誉有正向影响，当然也是创始人出售股份套现进入其他领域的一个途径。它的挑战在于上市需要众多机构参与，也需要攻克各个关卡，因此成本不菲。另外，它使得企业的每一步发展都置于公众的监督之下，尤其是需要接受股东的"意见"。新浪的创始人王志东在2000年遇到互联网泡沫破灭，公司经历了股价的下跌。这时候投资人从维持股价的角度希望新浪能做一些并购，而王志东坚持认为并购对公司的价值创造无益，于是王志东跟股东之间的冲突爆发，导致王志东最终离开了他一手创办的新浪。

**收购**。上市毕竟是有门槛的，对于企业各个方面规范性的要求相对较高。而另一种收获价值的方式更为普遍采用，即被别的企业收购。百度收购91无线，阿里巴巴收购高德地图就是非常典型的例子。尤其是在互联网领域，每年都有若干起并购事件发生。那么并购对于企业有什么好处呢？首先，像91无线被并入上市公司百度之后，创始人的股份就具备了流动性，可以变现。其次，并购使得这些企业能找到事业发展的新平台。比如，高德地图被阿里巴巴收购以后，使得基于地图从线上到线下连接起来的应用（O2O）找到了新的平台，对它们来说是有战略价值的。麻烦是一旦被并进一家大的企业，它的组织体系比你的创业企业复杂的时候，组织间产生的人员冲突需要小心应对。

**加盟连锁**。这种途径是把自己经营产品和服务的成功商业运行方法、品牌、原料授权另一家企业使用，从中收取加盟费。如果多家机构在一起成为一个系列的企业群体就叫作连锁。这个方法的优势是可以短时间内回笼资金，传播品牌，快速收获企业成长的价值。劣势是在加盟的过程中加盟商的质量不高可能损害你的品牌。你的加盟商跟你不属于同一个法律实体，也不属于同一个组织体系，所以管理的难度更大。同时，如何平衡自营店和加盟店之间的竞争关系也是需要深思熟虑的。当然，好的加盟连锁企业也可以通过上市来进一步收获价值。比如全聚德，它有自己的加盟店，也有自己的直营店，同时也是一家上市公司。

**要点回顾**

- 企业的成长动因来源于利益相关方,包括客户需求、员工期望、投资人要求、政府鼓励等。
- 企业成长的来源主要依靠范围经济或者规模经济,或者两者皆有之。
- 企业生命周期大致会经历五个阶段:初创期、早期成长期、持续成长期、成熟期、衰退期。不同阶段有不同的特点和困境,创业者需有不同的应对策略。
- 建设管理体系需要注意三个方面:平衡业务发展速度和管理能力;循序渐进忌革命;自己主导亲自操刀。
- 创始人在企业成长阶段面临的挑战之一是角色的转换。需要在自己的身份和定位上有转变,角色由"跟我冲"转变为"跟我上",开始由琢磨事转向琢磨人。

**延伸阅读**

1.《企业生命周期》[美]伊查克·爱迪思 著

书中提出了企业生命周期模型。爱迪思把企业周期和人的生命阶段相比拟,详细地分为了十个时期,并对各个时期的特点进行了细致描述。

2.《基业长青》[美]吉姆·柯林斯/杰里·波拉斯 著

该书作者在斯坦福大学的研究项目中,选取了18家长盛不衰的公司进行深入研究,这些公司包括通用电气、3M、默克、沃尔玛、惠普、迪士尼等,提炼它们成为基业长青的杰出公司的因素和品质。

**创业者说**

赖当文,北京水平有限餐饮管理有限公司联合创始人。

2008年,赖当文中专毕业,他从北京偏僻小巷子8个餐位的小摊白手起家,成功地将家乡名小吃柳州螺蛳粉打入了一线城市北京,站稳了脚

跟。现已发展成为一家总店三家加盟店的餐饮连锁。

"当只有一个店时，店里大事小事都是自己做。但店里有了十几个人员后就涉及部门间配合，前厅的、后厨的、财务的都需要协调。创始人不能再埋头做事，必须要思考怎么管理这十几号人。"

"每一家新加盟店的头一个月最重要。第一个月是所有问题暴露和解决的关键阶段。只要开业第一个月能够理顺，往后完善一些小问题就基本可以了。"

"加盟连锁后，工作重心不再单单是管理一个店几名员工，而是需要管理加盟商，管理方式大不一样，管理难度很大。"

"在企业扩张的道路上我们栽过跟头。当初引入名校毕业的合伙人，他用大型企业那套规范的管理方式和经营思维，放在我们这样的行业、这样规模的店铺，水土不服，失败是必然。"

要看朱教授与赖当文的精彩访谈，请扫描下方二维码。

> **学以致用**
>
> **成长的烦恼：水平有限螺蛳粉**
>
> 2015年1月8日中午，北京水平有限餐饮管理有限公司CEO赖当文从五道口匆忙出发，赶去望京国际购物中心。这天是水平有限螺蛳粉的第三家加盟店——望京店正式营业的日子，水平有限的前两个加盟店很成功，如果这一家也成功的话，他就可以考虑快速复制已经成熟的模式，向10家加盟店的规模迈进了。
>
> 开业至今，赖当文与其同乡合伙人黄其志在北京开办柳州螺蛳粉店已经6年了。从最初8平方米的巷尾小店，到如今一家总店、三家加盟店。在大众餐饮领域，加盟是通行的扩张方式，也有相对成熟的管理模式。但纸上得来终觉浅，赖、黄能否结合螺蛳粉店的

特点同时管理多家加盟店，依然有巨大的不确定性。但赖当文知道："未来两三年北京螺蛳粉市场将快速发展，那时需要我们具有快速开店的能力，抢先占领市场，打造水平有限的品牌。"

**白手起家**

2008年暑假，在广西学习茶艺的中专生黄其志和赖当文在北京实习期间想吃家乡小吃螺蛳粉，竟然找不到。这激发了他们的创业念头。实习结束，他们跑回家乡学习螺蛳粉制作，用家里给的一点本钱，在北京知春里的一条小巷子里开了第一家店"疯狂BEYOND不再犹豫"（以下简称"知春里店"）。店铺面积仅8平方米，两张餐桌。

开张第一个月，业绩惨淡，日均销量5碗粉。但两个小伙子热情并未减少。早期的顾客主要是在北京学习和工作的柳州人，小店更像一个柳州老乡会。

有一天，在新浪工作的"北漂"老乡唐晓芸去店里消费，与赖、黄两人聊天，她被两个草根年轻人的创业精神深深打动，回去写了一篇博客，希望帮助这家特色小店在北京活下来。

2008年12月27日，这篇题为"北京最强的柳州螺蛳粉老板"在新浪博客首页大标题发布，点击量迅速攀升，螺蛳粉开始进入大众眼球。一些在知春里附近工作的白领慕名前来品尝。两位老板在店里忙来忙去，边做粉边和顾客互动聊天，虚心接受顾客提出的意见。正当小店的生意开始红火，带动了整条小巷的热闹时，螺蛳粉店却遭到了附近居民的扰民投诉，被迫关闭。

**探寻新路**

两位创始人不得已开始物色新店面。他们在中国人民大学西门附近找到一间97平方米的临街店面（以下简称"人大西门店"），比知春里的8平方米小店大了近10倍，但租金成本陡增。两位创始人急需寻找资金方面的合作伙伴。恰好这时，黄其志的小学同学刘云向他们介绍了自己的表哥刘振。刘振也非常看好北京螺蛳粉市场的潜力，愿意加入赖、黄二人的事业。

双方经过多轮洽谈，决定三人各出资 6.3 万元，股份等分，未约定分红。另外黄赖二人持有 3%～5% 的管理股。三人还约定，刘振不参与店面经营，但允许派一名人员驻店收款记账。

2009 年 4 月，人大西门店正式开业。最初的客人大部分是知春里店的老主顾。随着生意越来越好，黄、赖二人又陆续招收了 5 名员工。这些员工为这家小小螺蛳粉店带来新的生机。比如有员工来自连锁餐馆"棒约翰"，带来了排班表等门店管理经验。那段时间，主要负责后厨煮粉的赖当文每天都要忙到夜里三四点。回到住处简单洗漱后休息一两小时，又开始了新一天的卖粉事业。

刘振对店里的业务非常热心，虽然不参与店面的经营，但也每周末都来店里帮忙整理财务信息，还教黄其志做统计，并不时提出一些意见和建议。

黄、赖二人的努力没有白费。开业三个月后，螺蛳粉店的经营步入正轨。到 2009 年 8 月，店里的利润已经超过两万元，经营形势向好。黄、赖二人却感到有些疲惫了。店扩大了，两人面临管理上的困难也多了：排班、工资发放、采购、员工管理……

另外，团队的磨合也给赖、黄二人带来一些新的压力。刘振派了一个表姐来店里专门做财务收银，表姐对店里的管理有自己的看法；正在读 MBA 的刘振接触了一些前沿的管理理论和规范的管理方法，想在店里推行自己的管理方案。但黄、赖二人觉得那些大公司的理念套在这个店根本不适用，执行不了。并且他们觉得姐弟俩不参与日常运营，不懂得他们的艰辛，反而还来店里指手画脚，心里很不平衡。

这种状况持续了一年，2010 年 7 月，人大西门店的房租合同到期，终止营业。期间，赖、黄、刘三人又在清华大学南门外三才堂找到一间店铺开店（以下简称"三才堂店"）。三才堂店经营不错，很快每月可以给每位股东分红 1.8 万元。但三才堂店不久因拆迁问题终止营业。赖、黄二人也与刘氏兄妹终止了合作。

三才堂店关张前后，赖、黄审视了自己的创业旅程，他们在磕磕碰碰中积累了经验，对北京餐饮市场也有了切身的了解，他们认为柳州螺蛳粉在北京市场有无穷的潜力，值得在此一搏。

**风味餐饮市场的潜力**

自 2000 年以来，随着中国消费者购买力提高，中国城市中产阶级的崛起，中国餐饮行业得到了快速的发展。朋友聚餐、家庭聚会、情侣约会等大众社交需求是餐饮消费最为稳定的驱动力量。

餐饮原本是一个非常有地域特色的服务行业。但从 2000 年开始，北京、上海、广州等大城市涌现出一些具有地域性特色的餐饮品牌，如桂林米粉、兰州牛肉拉面、沙县小吃等。

2011 年，在柳州市政府的鼓励下，柳州市一些有餐饮行业经验的企业家在北京开设了一个螺蛳粉品牌"螺师傅"，并很快获得成功。赖当文认为，从客流情况和市场接受度看，螺蛳粉在北京市场已经站稳脚跟，现在他们面临的是如何在三才堂店之后，迅速寻找一个店面，进一步扩大规模。

这次，他们瞄准了北京的大型核心商圈之一，被戏称为"宇宙中心"的五道口。

**进军五道口**

2011 年 9 月 20 日，螺蛳粉店正式进入五道口，改名为"水平有限柳州螺蛳粉"（又称"五道口店"）。改名是因为以前做生意每一桌每个顾客俩人都可以招呼得很好。生意大了之后，对客户的关照少了，赖、黄两人自嘲对螺蛳粉店的经营"水平有限"。

五道口店的规模起初只有 150 平方米，后来扩张到 500 平方米，170 多个座位。虽然规模扩大了一倍，但是利润并未同倍增长。五道口店的单店规模已经大大超过极限，根据黄老板的经验，像螺蛳粉这样的小吃店，店面面积最好不大于 100 平方米，想要扩张，只能另开新店。

两人再度面临资金难题。一方面，由于前期几经波折，每次店铺转移都付出了不小的固定成本；另一方面，其他品牌的柳州螺蛳粉也开始侵入北京市场，并且发展迅速。水平有限必须抓住时机扩张推广。

**加盟扩张**

到了 2014 年，五道口店经营稳定。黄其志和赖当文开始着手考虑进一步扩张事宜。两位老板希望始终保持对"水平有限"的品牌控制权，运用合作方的资金和经营力量，将品牌做大做强。为了避免不愉快的合作经历，创始人放弃了所谓合资的方式，而是选择了加盟连锁：由总店提供原材料、半成品、配料、制作技术、人员培训、分享全套经营经验，加盟店打出水平有限的品牌进行分店运营。

加盟第一年，加盟商只需象征性地支付两万元加盟费。低廉的加盟费用，一来为了降低加盟门槛，二来向加盟商展示自身诚意，三来为了未来更好的发展着想，不贪图一时利益。总店的主要利润来源于原材料和半成品的供应。

日常运营方面，加盟店筹备期派人来总店培训半个月，学习螺蛳粉的制作方法。同时加盟店的选址、店面设计与装潢、菜品的选择等，总店享有绝对的控制权。

水平有限向加盟者承诺的毛利为 65%，净利润率为 20% ~ 25%，大约 13 ~ 18 个月可以收回成本。对于加盟商的筛选，水平有限严格要求加盟商必须全职经营门店。赖老板对开加盟店有很高的决心和要求，保证前 10 家加盟店 100% 存活。

水平有限严格的加盟条件使得很多人持观望态度。几个月后才终于出现了第一位勇于"吃螃蟹的人"——角门店加盟商庞静。按照双方约定，水平有限总店最大的职责就是保证产品的味道和品质，庞静负责实际的运营。在水平有限品牌的大利益捆绑之下，分店和总店之间明白各自的角色，相互信任。

**门店策略**

经过精心筹备,角门店一炮打响,不到三个月就开始赢利。受此鼓舞,后来赖当文又和加盟者合作,在回龙观和望京地区开店。这两个地方是白领和IT一族聚集的工作区和生活区,客流比较集中。

在选址技巧上,螺蛳粉店效仿桂林米粉。凡是桂林米粉能够存活的地方,螺蛳粉店也能获得足够的客源。通常来说,1家螺蛳粉店的辐射范围为1个中小型商区或半个大型商区。如果每个商区开一家店的话,辐射范围约3~5公里。

**加盟店的管理难题**

随着四家门店的同时运营,黄、赖两位老板的工作比以前更加忙碌。他们需要负责整个门店之上的运营管理,并非只是宏观地统筹运作,而是具体到了很多细节问题。两位老板从早到晚对加盟店的各个环节加以指导。

赖老板认为,对几家门店的运营工作事无巨细地负责,并不是真正的管理。目前,门店只有简单的翻台率等指标,他希望能形成各门店统一的量化考评体系,才能管理、激励店长。然而,凭借个人力量,能负责四五个门店已经是极限。现在还要同时负责采购、技术、运营管理、品牌推广等方方面面的事情。按照这样的局面发展,加盟店管理无暇顾及的话,会严重制约水平有限未来的发展。赖老板感觉遇到了瓶颈:"我希望能形成加盟连锁店的管理体系,但是我们的基础很差,缺乏专业人才。团队中没有人具备专业的管理知识。"

有人给赖当文建议,水平有限可以请一名运营经理(职业经理人)来管理所有加盟店。比如直接找到一名曾经在大型餐饮连锁店从事过运营工作的人,为水平有限带来专业化的管理。但是运营经理该拥有多大权力?如果权力小了,运营经理可能很难自主地发挥管理特长;但如果权力大了,运营经理与黄、赖二人发生分歧的时候，又该怎么办？之前不愉快的合作经历像一场噩梦一样，让黄、赖二人心有余悸……

**附件1　螺蛳粉店里程碑事件**

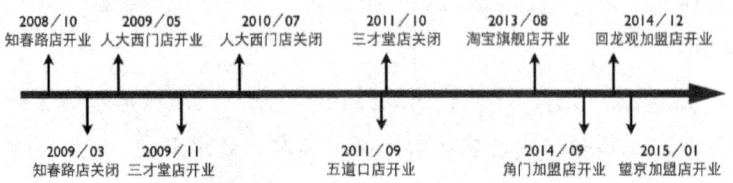

**附件2　"北京最强的柳州螺蛳粉老板"新浪博客**

北京最强的柳州螺蛳粉老板　(2008-12-27 08:48:11)

标签：杂谈　阅读（343185）

**附件3　2000～2013年中国餐饮业发展情况**

| 年份 | 营业额（亿元） | 餐费收入（亿元） | 法人企业数（个） |
| --- | --- | --- | --- |
| 2000 | 528.50 | — | 3 508 |
| 2001 | 618.70 | — | 4 132 |
| 2002 | 740.30 | — | 5 021 |
| 2003 | 896.20 | — | 5 935 |
| 2004 | 1 160.50 | 1 030.80 | 10 067 |
| 2005 | 1 260.20 | 1 124.00 | 9 922 |
| 2006 | 1 573.60 | 1 410.60 | 11 822 |
| 2007 | 1 907.22 | 1 711.32 | 14 070 |
| 2008 | 2 592.82 | 2 358.39 | 22 523 |
| 2009 | 2 686.36 | 2 441.31 | 20 694 |
| 2010 | 3 195.14 | 2 893.2 | 21 595 |
| 2011 | 3 809.05 | 3 433.77 | 22 496 |
| 2012 | 4 419.85 | 3 966.73 | 23 390 |
| 2013 | 4 533.33 | 4 056.07 | 26 743 |

资料来源：国家统计局网站。

**附件4  2005～2013年中国连锁餐饮发展情况**

| 年份 | 连锁餐饮企业数（个） | 门店总数（个） | 连锁餐饮企业营业额（亿元） |
|---|---|---|---|
| 2005 | 300 | 9 748 | 454.36 |
| 2006 | 349 | 11 360 | 563.75 |
| 2007 | 358 | 12 743 | 640.00 |
| 2008 | 453 | 12 561 | 806.91 |
| 2009 | 426 | 13 739 | 879.32 |
| 2010 | 415 | 15 333 | 955.42 |
| 2011 | 428 | 16 285 | 1 120.39 |
| 2012 | 456 | 18 153 | 1 283.26 |
| 2013 | 454 | 20 554 | 1 319.62 |

资料来源：国家统计局网站。

**请思考**

1. 从赖、黄两人第一次引入合伙人的经历看，你认为问题出在什么地方？可以避免吗？如果可以，如何避免？

2. 水平有限螺蛳粉店迅速扩张的主要原因是什么？成长的来源是什么？

3. 如果你是赖当文，你现在决定是否聘用职业经理人？为什么？

4. 对于水平有限螺蛳粉，选择加盟方式进行扩张，存在的最大挑战是什么？

第8章

# 创业无疆界

【核心要领】
- 了解公司创业的概念和挑战。
- 了解公益创业的概念和挑战。
- 理解创业精神的本质。
- 理解创业技能、创业思维、创业精神对不同组织及个体的重要意义。

## 他山之石

2012年,渐冻症患者皮特为了表达抗击病症的决心跳进了冰水里,号称"冰水挑战"。

"冷水挑战"开始在各种病症患者间流行,善款去了各种慈善机构,甚至动物保护基金会。

一位高尔夫球手向他的表妹夫发起挑战后,身患渐冻症的表妹夫把整个过程发到了社交平台上。

"冷水挑战"的发明者皮特借此机会在网络上积极推广它并宣传渐冻症。

## 冰桶挑战与ALS协会

冰涌挑战的规则得以慢慢确认：要么倒灌冰水，要么捐款，要么两者皆有。

这项活动涉及了全美各界人士。

ALS协会抓住机会，在两个月的时间内募集了超过1亿美元的善款。

ALS协会运用商业思维让公益效果最大化。

2014年酷夏，冰桶挑战（Ice Bucket Challenge）活动风靡全美，随后蔓延至欧洲和中国，无数科技界、政治界领袖都被卷入这股风潮，乐享其中。为什么一个小活动能迅速流行并吸引大众眼球？如果你看过网上盛传的各类冰桶挑战视频，就会为平时光环笼罩下的名人们的幽默行动捧腹（见图8-1）。活动的规则很简单：一个人往自己头顶浇一桶冰水，随后他可以点名三个人接受这项挑战。被"有幸"点名的人有三个选择：自浇一桶冰水，同时全程视频通过社交媒体分享；如果不愿意浇冰水，就向ALS⊖慈善基金会捐款；当然也可以两者皆选。"幸运儿"有24小时的决策时间。这场全民娱乐活动一时间被疯狂转发、评论，成为全球热点话题。为什么泼冰水活动会和ALS联系起来？ALS慈善基金会是活动的发起者吗？

冰桶挑战最初叫冷水挑战。它起源于2012年3月，一位ALS患者皮特·福瑞兹（Peter Frates），为了表达自己与这种病魔做斗争的勇气和毅力，唤起社会公众对这种罕见病的关注，勇敢地跳进了冰水里，家人把整个过程拍下来放到了Facebook上。在他的示范和鼓励下，各种各样的病人也开始通过冷水挑战来展示自己战胜病魔的勇气。冷水挑战在美国北部地区开始慢慢流行起来。随着活动影响力越来越大，一些爱心人士深受感动而捐款，但由于活动并不指向ALS特定群体，因此善款去了各种各样的疾病组织，甚至还有动物保护慈善基金会。

图8-1　比尔·盖茨接受冰桶挑战

真正将冷水挑战跟支持渐冻症患者的公益活动联系起来，让渐冻人症变得家喻户晓的是一位叫肯尼迪（Chris Kennedy）的高尔夫球手。肯尼迪完成了冰桶挑战后向他的表妹夫提出了挑战，而他的表妹夫安东尼恰巧是一位渐冻症患者。安东尼在接受了表哥的挑战以后，向他

---

⊖　ALS（Amyotrophic lateral sclerosis），中文为"肌肉萎缩性侧索硬化症"。1869年法国神经学家Jean-Martin Charcot命名并描述了这一疾病。中文里俗称"渐冻人症"。

的另一个病友奎恩（Pat Quinn）发起挑战。奎恩不仅接受了挑战，还把整个过程视频记录下来，贴在了社交网络上传播。巧合的是，奎恩的社会关系网中就有冷水挑战的发明者福瑞兹。福瑞兹看到视频以后，意识到它的传播广泛性，于是迅速采用了各种办法，在Twitter和Facebook上积极推广它。于是，一场以慈善为名义的病毒式传播秀得到了广泛关注。

自此，全美各行各业的人士包括演艺明星、体育明星、政要、商界大佬等都加入这一公益狂欢秀中。这些名人们不仅用各种稀奇古怪的方式把一桶冰水从头上往下浇，浇完后还积极捐款。而最终善款都流向哪儿了呢？

ALS协会！这是一个创办于20世纪60年代的非营利组织，专为渐冻症患者成立的慈善基金会。它成立的主要意义在于研究治疗渐冻症的方法、药物、病因和病理；解决渐冻症患者的治疗、康复和严重患病者的看护需求；积极进行社会宣传，唤起社会公众对渐冻症的认识，并募集更多的资源来帮助渐冻症患者。ALS协会的运作资金除了一小部分来源于政府拨款外，绝大部分来源于公开募集和遗产捐赠等。

早年创立ALS协会的时候，正是因为ALS这种罕见病开始增多，成了社会上存在的未解决的医疗问题，故而存在成立一个慈善机构的机会。当这个慈善机构成立后，开展病症研究、照顾病人、全社会宣传等，这些活动都需要资源。不同的资源存在于整个社会不同的人手中。比如，医药研究者，他们可能会研究各种各样的病理；比如，医生、护士，以及周围的社区，他们可能提供对病人的照护；当然，最重要的资源就是资金。这些资源的持有者本身并不在ALS协会的控制之下，ALS协会就得想办法把这些资源整合起来，用各种创新的办法去社会中募集资金。当冰桶挑战真正指向ALS时，ALS协会便充分利用社交网络平台宣传ALS协会的理念，通过人人参与、病毒式传播的方式，使ALS协会成为冰桶挑战这一社会性活动的大赢家。

2013年ALS协会获得的捐款总数还不到1 800万美元，2014年因为冰桶挑战，使得它短短两个月时间内募集到了超过1亿美元的慈善基金。不仅如此，通过这个活动还唤起了整个社会对于渐冻症和渐冻症患者的关注。以前可能人们连ALS都没听说过，现在好多人对

"肌肉萎缩性侧索硬化症"这一中文全称都有了印象。

而与美国不同的是,当冰桶挑战到了中国,抓住这个机会的不是渐冻症患者基金会,而是瓷娃娃儿童罕见病关爱基金会㊀。当他们看到新浪微博上冰桶挑战被大众关注后,迅速开通了他们的募捐通道,并且有意组织一些名人参与冰桶挑战。这使得瓷娃娃基金会成了风靡中国的这一场冰桶挑战的最大受益者。

当创业的概念从商业社会中的营利性机构移植到公益性机构时,就会发现公益性机构同样需要创业思维、创业技能和创业意识来抓住机会、整合资源并创造价值。这样,各个利益相关方才能够从你发起的这些活动或者你创立的公益事业中各得所需。在冰桶挑战中,不仅仅是病人受益了,那些浇水的人的慈善心也获得了社会的认可和尊重。每个参与这件事情的利益相关方都能够从中获得他们所需要的价值,这个活动才是可持续发展的。

本书前面着重讲述了一个小型新创企业从破茧而出到稳步成长的过程,其中涉及与创业有关的基本原理、方法、技能和工具。冰桶挑战的故事让我们看到,原来这套原理不仅作用于新创小企业,还能更广泛地适用于社会的各类组织和事业。

### 拷问创业精神

在一个成功的创业活动中,创业者应该具备哪些共性的创业精神?什么样的创业思维更有助于创业的顺利开展?如果从创业活动的特征与本质中提炼,创业精神的核心要素不外乎五大方面,如图8-2所示。

**价值创造**。无论是新创企业还是其他类型的组织,你的产品或者服务对于客户和其他利益相关方一定是有价值的。如果你对客户没有价值,客户为什么要用钱跟你交换你的产品?对其他利益相关

---

㊀ 瓷娃娃儿童罕见病关爱基金会是由成骨不全症等罕见病患者自发成立的非营利性公益组织。

方没有价值,那他们为什么要投入资源和你共创事业?价值就像是一块磁铁,你的吸引力越大,越能牢牢吸附客户和资源方。我们提及过,发明和创业活动最大的区别是什么?发明可能只是一个团队的几个人针对某些技术的创新活动,而创业活动是要在社会中被广泛接受和应用的,是一个社会化的活动,一定会涉及很多利益相关方,如果你不能创造价值,创业活动根本无从进行。

图 8-2　创业本质五大要素

**机会导向**。成功的创业活动需要你在合适的时间、合适的条件下把事业做起来。我们前面讲过商业活动是有机会窗口的,任何商业机会或者商业概念,都来自整个社会的变化过程中,这个变革是有自身的规律和节奏的,过早过晚都不行。进入太早,市场不够成熟,先驱变为先烈;进入太晚,你看中的领域已经日薄西山,市场空间已经很小,为时已晚。因此,我们常说创业者就是机会的追逐者。

**创新为本**。创新制造差异,差异更容易形成独特的竞争优势。成功的创业活动一定离不开创新,因为企业处于一个竞争的环境中,如果你做的事情跟别人完全一样,你的价值就难以得到体现,别人就不需要你。之所以你能创造价值,总归是你在某些方面有创新,跟别人不一样,别人才认可你的价值。创新的角度可能是在产品价值上、管理制度上、技术工艺上等,只有建立在创新精神上的创业活动才可能走得更远,成长更好。

**整合资源**。创业活动是在资源的高度约束下追寻创业机会的过程。任何创业者都不可能手握创业的所有资源,特别是新创企业,创业者可以直接控制利用的资源更加有限。因此创业者需要把不属于自己，甚至不受自己控制的资源整合起来为你的事业所用，实现自己的创业梦想。即使是在大公司内部创业，也一样摆脱不了资源的约束，只不过是占用别人的资源来缓解你的资源约束。

**风险意识。**因为你的事业有创新，有别人没实践过的创新点，所以它一定存在风险。即使你完全模仿和复制别人的事业，都可能在执行过程中遭遇风险，所以你要有能够承担风险的意识。回溯历史上有重要成就的创业者的创业经历，他们几乎都经历过九死一生的艰难状态。但他们具备的优秀素质是他们愿意冒险，不畏惧失败，敢于承担风险。在刚开始从事一项事业的时候，一定要有充分的失败准备，才能在失败的过程中正视失败、快速学习。在国外的创业环境中是提倡和鼓励创业者失败的。甚至在硅谷的实习交流营上，经常可以听见创业者从容地分析失败经历，总结失败教训。

创业思维的本质就是这五大精神的融合，这也是创业精神的要义。这种创业精神能广泛地运用到不同情形和组织形态，可以是公益组织，可以是公司内部创业，甚至可以是个人的工作实践中。

## 大公司内部发新芽

一个成熟的企业在高速变化的市场中，发展到成熟期或是衰退期时，可能因为市场的萎缩或消亡而衰退；可能因为技术的落后而衰退；可能因为行业竞争者的不断创新而衰退；可能因为组织失去活力而衰退；如果企业不找到新的业务增长点完成变革，将逐步走向衰落。

公司创业[⊖]正是在已有的一个组织内部实施新想法、新行为，产生新产品或是新业务模式的行为。伟大的公司就是在不断地发展

---

⊖ 公司创业也称为内部创业、二次创业、三次创业等。

过程中，通过新的公司创业活动来让自己的业务不断地更替，通过在已有肥沃的土壤上发新芽，寻求新的生长方向。

IBM全称国际商业机器公司，原来主营工人们上班打卡的数据统计机。当时正逢工业快速爆发时期，IBM的打卡统计机一度占到美国市场85%的份额，再想增长已经没有新的空间了。因此它就需要去市场中寻找新的业务支撑公司的发展。当时，大规模集成电路和计算机技术刚刚兴起，IBM抓住了这次创新变革的机会完成了业务转型，最早赢得了美国国防部的合同去建大型计算机，这成为整个20世纪六七十年代IBM赖以生存和繁荣的基础。随着计算机的普及，卡片机将成为时代弃儿。在苹果推出微型计算机后，大型机也面临业务衰退，后来IBM又转向个人计算机领域做台式机、笔记本，再后来又慢慢过渡到服务器，为企业提供计算服务等。可以看出，一个长久屹立不倒的伟大公司在发展的过程中，必须不断地寻找创新的增长点。

但并不是每个企业都能像IBM一样保持创新精神，不断寻找新的业务方向，持续百年以上。100年前美国的百强企业现在仅有3家还在榜上，无论是曾经显赫的摩托罗拉还是柯达，大量企业都无法在企业内部开出创新之花，走向新的繁荣。

## 温室里生长的挑战

按常理来讲，成熟的公司拥有丰富的资源和经验，内部创业应比新创企业容易很多。事实上这两种组织创业各有优势，同时也面临各自的挑战。白手起家的新创公司最大的挑战是资源匮乏，往往面临"三无"的困境：无经验、无资源、无名声。对于已有企业的创业活动，它的独特挑战在于以下几方面。

首先，内部创业面临观念的冲突，公司决策层对于市场动向和机会的把握不够敏锐。大公司设置许多部门层级，在公司内部业务第一线的员工往往不具有决策权，他们从市场上获得的宝贵信息很难传递到决策者手中，以至于错失很多机会。华为创始人任正非曾说要让看得见炮火的人来指挥打仗[1]。在一个成型的公司，决策流程冗长烦琐，如何把市场的趋势判断引入到公司的决策体系是一项不小的挑战。

其次，公司创业会受到内部组织既有运作模式的制约。一个成功的公司往往管理有序，有一套自运行的逻辑和惯例，做任何事情都想拿惯有的模式来做。就如手中持有一把锤子的人，看见墙上什么钉子都砸，无论墙是砖墙还是混凝土。并且由于持锤子的人基于过去的成功经验，对锤子的威力很自信，不会冒险地思考要不要换一个工具。这种公司原有运作模式的影响对于创新性活动非常不利。

再次，公司内部资源的分割成为新业务发展的障碍。大公司内部职能分得很细，每一个部门都有自己的一亩三分地，一个新创业务往往不易获得公司内部兄弟部门的资源支持。招商银行当初推行信用卡，成立了一个专门的信用卡中心，想利用招商银行遍布全国的"一卡通"的庞大客户群来推销信用卡业务。然而，分支行的人都在忙已有的成熟业务，他们既不懂新的业务，也不确定它未来的前景，信用卡业务是需要达到一定的使用数量、形成规模才能有效益的，在这项业务开展的初期是很难看到效益的，这样一来，他们根本不愿意花费人力、物力、精力投入到一项不确定的新业务中。最后招商银行总行还是下达死命令，通过将信用卡的发卡任务与既有业绩指标进行折算，以此来调动分支行员工的积极性，扭转大家的惰性思维才得以顺利推行。

---

[1] 引用自任正非 2009 年公司内部讲话。原话为"谁来呼唤炮火，应该让听得见炮声的人来决策。而现在我们恰好是反过来的。机关不了解前线，但拥有太多的权力与资源，为了控制运营的风险，自然而然地设置了许多流程控制点，而且不愿意授权"。

综上，大公司内部创业看似有声誉、有资源、有平台，但还是会遭遇组织上的束缚。内部创业还有一大障碍则是来源于人——公司最高领导层和内创团队领导层。

作为公司最高领导，发展一项新的业务有极大的风险。万一新团队创业失败，他们就可能会遭到股东会的罢免，这对于他们的职业生涯和声誉都是严峻的挑战。菲舍尔当年从摩托罗拉到柯达任CEO时，本打算做真正的数字影像业务，但是去了之后却不得不同时开展传统影像业务和数字影像业务，脚踩两只船的后果就是董事会层面一直有两派声音在不停地争吵，在很长一段时间里柯达内部显示出分裂的迹象，后来还没等他大施拳脚就被股东会换掉了。对于公司的高层来说，最重要的是能不能破除万难，认准一个方向坚定地往前走。

另一组领导者是内部创业活动的具体实施者，他们需要承受职业生涯和财务报酬双方面的挑战。内部创业如果不成功，他们不仅拿不到预期的报酬，甚至收入会远不及以前的待遇，同时还要有被解散的心理准备，解散后又是什么样的退路？很多时候，公司创业活动都是因为这两类领导层太害怕失败，缩手缩脚而最终导致真正失败。

内部创业不仅有组织的挑战还有人员的挑战，因此公司创业也并不如想象中美好和顺利。一个创新性的想法在公司内部想要开花结果也都需要一定的步骤循序渐进。

## 从酝酿到开花

要想在一棵已经成形的树上嫁接出新的枝丫，需要发动整个庞大的组织体系来支持一个创新性的活动。一个新的创业想法在公司内部从酝酿到开花需要四大步骤。

**树立愿景**。公司愿景统领着整个公司的管理体系和运营体系。尤其在一个动辄成千上万的大型组织里,如果各吹各的号,各唱各的调,最后一定无法齐心协力朝着同一个目标前进。公司愿景需要明明白白地告诉员工这个公司要干什么,不干什么。苹果公司2008年经历了更名事件,把苹果电脑公司中的"电脑"去掉了,原因就在于苹果公司未来的运营将侧重于手机,而不是电脑。如果是一家电脑公司,那么它的整个思路都应该遵循电脑公司的发展思路,所以它通过改名的举动宣贯面向企业未来的愿景。

**创造环境**。公司内部需要努力创造一个有利于新业务成长的环境。一项新的业务想要在公司内部开展,初期往往需要大量资源的投入,需要从既有的赢利部门输血给新的团队,短时间看不见回报和效益,因此新业务包括新团队很难获得重视和认可。2000年,通用电气认为电子商务是未来的发展趋势,希望在公司内部推动电子商务的发展。为了打造利于这个新生儿生长的环境,公司CEO杰克·韦尔奇在公司内部挖掘了一个非常有经验的团队,同时召集各个业务部门的领导人开会,将业绩考核指标直接与新业务挂钩,通过业绩考核增加各业务部门向电子商务转型的动力。这样一来,公司上下推进电子商务的发展的氛围就很友好,才能保证新苗子迅速成长。

**搭建新团队**。公司原来的组织体系是适应原有业务体系的。对于一个新创的业务单元,必须新建一个小团队,找到有创业精神和意愿的人离开既有的岗位、顺手的工作,走出自己的舒适区来尝试新东西。比如,海尔集团进行的平台式改革,就是让那些有创新想法的人自建团队到公司申请资金,然后在公司的平台上进行内部创业;也有一些企业成立单独的事业部作为试探性团队来推动整个新业务的发展。

**资源配置**。虽然大公司有丰富的现成资源,但对于创业团队来讲可能还是缺资源，因为原有资源都已经按照成型的业务发展体系被分配到了原有的部门和活动中。A 部门的预算不能用于 B 部门，买油的预算不能用于买盐。但一个新创的事业需要经历不断的试错，很难规划预算，它需要有一笔相对灵活的资源。这就使得公司要偏离原来的资源分配体系，为新创事业的团队和组织配置所需要的人力、技术、资金等资源。

本质上，内部创业的步骤与新创企业的步骤别无两样。如果新芽生长旺盛，则公司找到了新的业务增长方向，内部创业的成果就会融入公司现有业务体系中去。如果失败了，公司也能从失败的过程中获得人才、经验甚至专利等，也未尝不是一件好事。

## 公益，像商业一样思考

创业的精神和方法不仅可以用于企业，也可以广泛应用于社会事业（或称"公益事业"），其中最有代表性的就是公益创业。狭义的公益创业是指一群人通过创立一个非营利组织，使用商业化的机制开展公益事业活动。广义的公益创业是指用创新的方法来解决社会问题，它的核心是采用商业化的手段来创造社会价值，而不是个人价值或商业价值。它的成功衡量指标是受助群体的规模和获益程度。

1976 年，孟加拉国的经济学家穆罕默德·尤努斯把自己的 27 美元无任何担保贷给了 42 个贫困家庭的农妇，以支付她们用以制作竹凳的微薄成本，免受高利贷盘剥。后来尤努斯发现这是一种富有成效的扶贫方式，通过小额贷款给穷人，让他们自主创业，获得有尊严的收入。于是，他干脆成立了格莱珉（意为"乡村"）银行，专为那些无法通过正规渠道获得贷款资金的贫困人群甚至乞丐提供小额贷款。正是尤努斯对穷人们的慷慨解囊，受助者也用诚信和勤奋来回报他，格莱珉银行不仅获得高达99%的还贷率，更是获得不错的微利支持着银行不断发展，让越来越多的穷人受益。

在中国，经济学家茅予轼和汤敏先生联合一些企业家创办的富平学校也是成功的公益创业范例。富平学校的使命是让农村妇女能够自食其力，获得就业机会。因为在工业化和城镇化的过程中，农业活动已经不再需要那么多劳动力。贫困地区的农村妇女面临无法就业的困难。富平学校通过对农村妇女进行家政培训，让他们掌握一技之长。培养出来的农村妇女再通过一家商业化运营的家政服务公司匹配到有家政需求的雇主家去。这样通过商业公司的运作解决了农村妇女的就业问题，同时也有赢利支持公司持续运转。

还有一种公益创业活动是一些有主业的大公司基于社会责任参与的公益活动或项目等。比如，国际著名投资银行高盛在全球发起的巾帼创业项目，旨在全球范围内培养1万名女性创业者。其在中国已经培养了3 000多名女性创业者了。这样的公益创业活动也是从机会寻找开始，到资源整合，然后将之产品化使社会上的特定目标群体受益。

## 公益创业的独特挑战

公益创业和公司创业面临的挑战有什么不一样呢？

公益创业源于一个社会问题，那么公益创业的组织会把解决这个社会问题作为自己的使命。它的目标对象需要高度聚焦。比如，北京有一个星星雨儿童教育研究所，它是由一位自闭症儿童的妈妈一手创办的。它的使命就是教育和照顾患有自闭症的小孩，为自闭症儿童的家长提供培训。它的目标对象非常明确，就是患有自闭症的儿童。当然也有综合性的公益组织，如李连杰代言的壹基金，它关注的社会领域非常多，但它每个分支一定都有特定的目标对象，或者是念不起书的少年，或者是就不了业的农民，所以说公益创业是一个典型的使命驱动的创业活动。

公益创业的商业模式是典型的继电器模式，两端都要整合。一端是资源的提供方，另一端是资源的接受方。公益组织创业者需要将两头都整合进业务模式。如果整合不了资源提供方，自然解决不了受益者的问题，而整合不了受益者，会让资源提供方的爱心、公益心无法实现。就像星星雨儿童教育研究院，如果无法找到捐助资金、师资、教材等，自然达不成使命，但如果它救助的自闭症儿童只有几位，自然也会让资源提供方产生怀疑与不信任。只有当受助群体越多，捐赠者越愿意加入；加入的捐赠者多了，自然帮助的对象更多，这是一个反复的正反馈过程。

另外，公益创业者选定的这个领域必须要有一个显著的、能传播的社会价值，才能让你的事业可持续发展。那些资源的拥有者把资源投入这个领域是希望看见他们的投入能显著地帮助别人，能展现出显著的社会价值。冰桶挑战的案例就是运用社交化的手段让这个公益项目有显著的、可分享的社会价值，使众多参与者被吸引到公益活动中。

公益项目跟现在的互联网服务一样，产品化是它的必然趋势。也就是说，公益项目要打包成一个标准化的产品，然后寻找适合于这些产品的受助方。这种产品化的趋势会使它的运作更有效率，而这个也是新创企业在商业运营中经常使用的手段。

## 创业精神助力职业生涯发展

如果你短期内并没有创业的打算，那么创业思维、创业精神跟你有什么关系？创业精神本身不是企业家独有的。创业精神、创业方法、创业意识、创业能力是能广泛应用于日常工作和生活中的。

经常会有同学分享学习和工作中的一些困难、体会、苦闷等，其实它们本质上跟创业都有关系。

第一，你需要有机会导向意识。大学期间如何选择职业发展道路？将来在工作单位如何选择项目？这些都要着眼于机会意识。你需要从未来发展的角度审视你现在所做的选择。你可以畅想一个你感兴趣的领域，想想未来十年后它会是什么模样？比如你喜欢编程，那么十年后的编程领域是什么样？你永远要在这个社会发展的大趋势里发展自己。现在正是一个特别好的时代，在这个时代里中国的整个社会正在消费升级，移动互联网技术正带来革命性的社会变革，整个社会正在中国的国际化进程中孕育机会。所以我们需要有机会意识，从未来定位现在。

第二，你需要有价值创造意识。你要想你做的任何事情对于别人有什么价值。很多学生希望导师推荐工作，那你需要知道你能为工作单位创造什么样的价值，使得导师的推荐是正确的。你只有能为别人创造价值，才能为自己赢得机会。

第三，你需要有创新意识。一件事交给你做与交给别人做有什么不一样。过去20年的教育中一个最大的问题就是，我们缺乏对学生们独立思考和判断能力的培养，学生们特别容易跟风。大家觉得互联网好的时候一窝蜂去了互联网，觉得金融业好的时候一窝蜂去了金融业。前段时间又拼了命地考公务员。你一定要想到，当所有人都在议论某个地方好的时候它的价值已经大规模显现，为时已晚。在将来的工作实践中，你能脱颖而出的唯一办法就是做得比别人好，做的方法比别人简单。也就是说，你要学会创造性地做事。

第四，你需要有冒险精神。这个冒险精神不是让你去赌，而是要有承担失败的勇气，能从失败中快速学习和成长。如果你一直发展顺利，从没经历过挫折，就没有应对困难和挑战的勇气和决心。人其实在失败次数多了以后就会对失败逐渐脱敏。你在工作中不断被客户轻视，被伙伴嘲笑，在很强的压力下成长，就具备了抗压的能力。

无论你未来选择创业还是就业，都希望你将这本书所阐述的创业基本概念、基本方法背后体现的创业精神和思维意识应用于日常生活、学习的方方面面，应用于日常处理各种矛盾和问题的过程中，这样将来无论从事什么工作都能从中受益。

**要点回顾**

- 创业的核心要素包括五大方面：价值创造，机会导向，创新为本，整合资源，风险意识。这也是创业精神的要义。
- 公司创业也叫内部创业，是在已有的一个组织内部实施新想法、新行为，产生新产品或是新业务模式的行为。
- 大公司内部创业的优势有声誉、有资源、有平台，但挑战也并存：观念的冲突、资源的分割、运作模式的惯性等。
- 公益创业的核心是采用商业的思维和手段来创造社会价值。
- 创业精神本身不是企业家独有的。创业精神、创业方法、创业意识、创业能力能广泛应用于日常工作和生活中。

**延伸阅读**

1.《海尔转型：人人都是CEO》曹仰锋 著

该书从管理、薪酬体系、财务系统改革、组织结构、企业文化等9个方面对海尔的管理模式进行了介绍，从中可以看到海尔最大化地释放了每名员工的工作活力，企业转化为员工"自我创业"的平台，打造"平台型组织"的努力。

2.《公司创新与创业》[美]唐纳德 F. 库拉特科（Donald F. Kuratko）等 著

该书介绍了创业行为如何在已建立组织内部产生。通过检验公司演变以及今天的创业紧迫性，分析公司创业的特征，力图勾画出组织内部实现和维持高水平创业行为的实践方法。

**创业者说**

许家馨,星巴克咖啡北京嘉里中心店长。

清华大学经管学院研究生毕业。出于对零售管理的热爱和受星巴克企业文化的影响,她坚定地放弃了跨国公司的工作机会,选择了从星巴克一名咖啡师做起,很快便成长为星巴克旗舰店店长,并被推荐去美国总部做咖啡讲座。

"在职业选择上,你要去听你内心的声音。内心的声音不是用靠谱作为标准衡量的,而是看是否有意思,是否好玩儿。"

"在任何的工作中,如果你是一个有心人的话,即使是一段'失败'的经历,你也可以学到很多。"

"这个店虽然小,但也五脏俱全,能有机会在毕业不久就走上管理岗位,从一个机构的全貌去思考问题,并推动自己的一些解决方案。"

"哪怕再大的公司,系统再完善,都会有新的问题涌现。去了星巴克这样的公司,不是说我就是一个螺丝钉了,没有我发挥的空间。只要保持创新精神,在你所在的领域里做到独特和极致,无论在什么行业,从事什么岗位工作,都一定会有机会。"

朱教授与许家馨的精彩访谈,请扫描下方二维码。

**学以致用**

### 自如的困境

"Jingle bells, Jingle bells, Jingle all the way……"收音机里传出熟悉的旋律,熊林驾着车快速行驶在北京繁华的二环路上。随着圣诞节的临近,道路两旁的商场、店铺都装扮一新迎接这个舶来的节日。与窗外热闹的气氛形成鲜明对比,熊林此刻全然未觉节日的喜悦,只感到冬日的凛冽。街角处黄色灯光箱亮着的"链家地产"恰时跃入眼帘,再次狠狠刺痛着他:由他主导的链家旗下房屋租赁品牌自如友家,近两个月来出租率持续恶化,空置房源占比居高不下。这个月初,他带领团队推行了一场大改革,本以为会有改善的迹象,但直到现在,出租率仍然没有任何起色……

### 熊林其人

1996年,熊林计算机专业本科毕业后,进入一家国企工作。但很快熊林意识到自己并不喜欢传统国企的工作氛围。一年后,他应聘联想成为销售经理,主要工作是编程和带领团队做项目。在工作中,熊林接触到了管理软件,并渐渐发现自己对管理很感兴趣。2002年,恰逢联想分拆成立神州数码,熊林凭借出色的业绩和表现,被选拔成为神州数码山东分公司总经理,去山东独立开拓新业务。这让他获得了一段宝贵的中层管理实战经历。

随着自身能力的提高与眼界的开阔,熊林渴望到更大的平台获得成长。2005年,熊林应聘成为IBM全球企业咨询部的一名咨询顾问,主要工作是利用IBM的内外部资源为企业提供涉及战略制定、组织结构、人力资源、流程管理等全方位的服务。

在IBM工作的5年多时间里,熊林接触了各式各样的大企业,获得了足够多的学习和观摩机会,也积累了丰富的人脉。但咨询公司专注于提供咨询服务而非落地实践的工作模式逐渐让他感到不满足。他希望通过自己的努力打造一支队伍,成就一番事业。正好这时,熊林提供过咨询服务的房产中介链家地产的董事长左晖抛来了橄榄枝:"你来吧,机会很多!"熊林对左晖印象深刻,凭借多年的工作经验判断,他认为,这是一个值得追随的领导,链家也是一家很有潜力的公司。

**链家地产**

链家地产成立于 2001 年 11 月,从一个 27 人的创业团队逐渐发展成为北京最大的房地产中介公司,目前已进驻 17 个城市,业务区域拓展到了美国二手房交易市场。

十多年前的二手房交易市场非常不规范。信息全掌握在经纪人手中,经纪人主导了买价和卖价,低买高卖挣差价。2004 年,刚立稳脚跟不久的链家认为这种模式不合理,明确提出"透明交易、签三方约、不吃差价"的阳光操作模式,每单交易收取交易额的 3% 作为服务费。这样一来,单均业绩远落后于竞争对手,但链家的决心和坚持,最终赚得了交易量,使链家成为市场中交易量最大的企业,赢得了市场的充分回报。

2005 年楼市处于调控期,很多中介公司收缩关店,链家却在此时开始了第一次大规模的扩张,从 30 多家门店扩张到了 300 多家店。2008 年受金融危机影响,市场交易量出现大幅度下滑,二手房交易量环比下滑 28%,北京中介公司纷纷关店,链家虽也进行了业务收缩,但幅度远远小于同行。熬过了 2008 年的低谷,2009 年政府首次出台鼓励购房的政策,北京二手房交易量开始暴增,环比增长了 293%。由于之前布局得当,链家成了市场的大赢家,当年二手房交易业绩突破 15 亿元,市场占有率达到了 22%。

在业务迅猛发展之际,链家的后台支持部门渐渐跟不上了,经纪人团队对后台服务颇多抱怨。自 2007 年下半年起,链家开始引入 IBM 战略咨询部门,帮助其利用 IT 系统平台对二手房交易进行流程分解和过程管理。同时,链家从 2008 年开始进行大规模引入高层管理人员的尝试:时任顺丰 CIO 的王拥群担任链家集团 COO;住商不动产台湾区总经理林倩负责链家品牌和市场研究;曾任某银行高层的魏勇担任链家集团 CFO;时任 IBM 高级顾问的彭永东担任链家高级总监负责链家在线。

2010年8月2日，熊林也正式加盟链家，担任副总经理。下辖三个中心：租赁管理中心、楼盘字典中心、数据产品中心，并对副总裁王拥群直接汇报。

**新业务机会**

楼盘字典中心、数据产品中心的目标是为链家进行数据信息基础建设，这对于熊林而言驾轻就熟，得心应手。而租赁管理中心在当时已经属于集团边缘部门。

租赁管理中心的建立有历史渊源。曾经，链家着力发展过租赁业务，采取全程代理的模式：和业主签约，链家向业主收取每年45天的空置期作为管理费后，代业主出租，业主能收到固定房租，不用担心房屋空置风险和租期维修等。这个业务切中了一部分业主省事、省心的出租需求，因此发展得不错。后来由于链家战略重心的调整，加上全程代理模式后期出现了维修多、纠纷多、牵扯经纪人精力多等一系列问题，链家在2009年1月开始全面停止该项业务，只做租赁居间业务。租赁管理中心则负责代理模式善后问题，包括办理客户业主退租等。

租赁业务利润低、体量小，导致链家对租赁业务不重视。所以当来自IBM的熊林主动选择担任这个中心的总监时，这里的员工略感诧异。

熊林其实是有备而来的。他认真调研了北京租赁市场数据发现，当时北京租赁市场竞争分散。即便是链家这样的大公司市场份额也不超过10%。而观察近几年链家在租赁模块的发展，收入已经从2007年的0.6亿元增长到2010年的1.8亿元。租金方面，伴随着房价的暴涨，北京房屋的平均月租金已经达到了3009元。而北京市的平均工资也不过4 200元。

从房屋供应量和租房人口数量来看：2010年，北京市约有450万套房，其中约90万套用于出租，而北京共有约800万人需要租房。理论上说，要解决这些人的租房问题，每套房需要租住8.8 个人。实际情况也确实如此。熊林做了租房暗访，发现 2 居改 6 居是普遍的租赁模式。租赁房内家具电器陈旧肮脏，卫生状况极差。这些群租房市场被小中介公司垄断，北漂们不得不忍受着被克扣押金和被乱收费的痛苦。

熊林意识到，如果针对有一定经济实力的年轻人设计一个合租产品，通过资产专营的模式来运营，应该会很有前景。熊林把想法与左晖沟通后获得了支持，左晖表示：①租赁是公司的战略业务；②市场机会很多，要关注与租赁相关的市场服务；③需要非常强的 IT 管理系统，保持每间房间的流动高效。自如业务开展后，熊林直接向左晖汇报工作。

**产品设计**

经过几个月的产品设计调研、探讨修正，2011 年 5 月 24 日，新业务自如正式启动，包括面向上游房屋业主的"资益+"产品和面向下游房屋租户的"自如友家"产品。

"资益+"产品定位于拥有多套房产的业主方，根据自如的计价模型给出评估收房价一次性签署 2~5 年的资产托管合约，同时自如要向业主扣减 45 天的租赁费作为空置期费用。

自如友家产品定位于 25~35 岁、收入在 5 000~10 000 元的年轻租户。自如友家对所有租客进行资质认证，只开放给拥有正当工作的白领或在校大学生。自如收取一个月房租作为服务费，租客可以选择网上签约。

通过"资益+"产品收回的房源自如均进行重新装修，并配置宜家家居和品牌家电。每位客户入住时均更换一次锁芯，确保一客一锁。每个月为租户提供一次公共区域保洁，提供免费 WiFi 服务，租期 400 报修服务，并每年进行一次安全排查等，以期达成自如的使命：为千万租客创造品质租住生活。

在组织架构上，熊林将自如团队分成以下三线。

一线是业务拓展团队,俗称管家。管家负责收房、装修配置方案的确认和交付验收、出房、租期催款、办理客户退转换续租手续、处理邻里纠纷、协助办理暂住证等工作,是一个全能的岗位角色。管家的服务水平直接决定了一套房屋的品质和自如客的居住体验。

由于自如收房和出房规则较多,流程环节长,相对于一锤子买卖的居间业务要复杂得多。熊林认为,负责产品落地的管家一定要招聘全新的血液。这些管家既要能吃苦又要具有较强的学习思考能力和服务意识。为了确保能招到这样的管家,熊林不仅进行最终面试把关还亲自对招入的管家进行全面培训。他希望自如管家团队有别于链家的经纪人团队。

二线是配置团队和服务团队,配置团队负责根据自如友家产品标准进行装修配置,服务团队则为客户提供400咨询服务、维修服务、保洁服务。

三线是职能部门,包括自如网产品和技术团队、财务中心、实体产品团队、品牌营销团队、流程运营团队等,核心是为业务的发展提供全方位支持。

**产品落地**

自如业务的拓展需依靠收房和出房规模。自如初期打算借助链家门店渠道获取房源信息:经纪人将意向房源推荐给管家,管家上门实勘谈判,最后确认收房价格,管家成功收房后,经纪人就能拿到收房业绩。如果该套房配置完成后,经纪人又将其出租了,还能再拿出房业绩。整体来看,一套房子如果做自如模式,经纪人的业绩会比普通居间模式的业绩高2.5 ~ 3倍。

新入职的管家带着希望与兴奋实际操作后,很快发现现实并不如设想中美好。首先,经纪人对自如产品不太有兴趣。好出租的房源不会第一时间推荐给自如。其次,在向业主介绍"资益+"产品时,管家们很难向业主解释评估收房价的计价模型和45天空置期。甚至有业主直接质问管家:怎么敢给这么低的价格!此外,还有一些从租赁管理中心转过来的管家,观念仍然停留在低收高出的居间业务模式,不舍得按产品标准进行装修配置,担心影响业绩。还有,自如要求每位租户提供工作证明,但经纪人难以向客户解释会采取造假的方式来提供。

随着客户入住的增加,管家们发现问题层出不穷,每天都很忙乱。有时正在实勘一套房子,突然客户打电话报修并要求立即过去。有时深夜 12 点了,突然客户房子里漏水了,钥匙丢了进不去了,也会给管家打电话并要求立即解决。管家的精力严重被各种琐事牵扯。

那段时间,每周六熊林和自如的核心管理团队开会,业务总监都会丢出一大串问题。从实体产品到租约产品的设计均被质疑。在和链家两位运营副总的业务沟通会上,熊林也承受着因管家不成熟、不专业而带来的压力。公司内部甚至有一种观点:管家根本不懂房子,不知道怎么谈判,都是靠经纪人来收房,在业务上没有什么价值,不如只负责服务好了。

值得欣慰的是,尽管产品落地过程中,各种问题涌现,但业务的规模一直不断增长,出租率也在向好。但是,问题在于,从整体上看,公司从收房到出房的周期,还显稍长,间均出房周期这个既反映了装修配置时效,又反映业务出房时效的指标,却在恶化。

**艰难时刻**

从 2012 年 10 月开始,收房套数开始下降,出租周期显著上升,空置率加大;11 月各项数据持续恶化,空置损失达 287 万元!

11 月的数据让熊林彻底意识到事态不对。经过和团队沟通讨论,他将问题定位为品质不合格导致空置。12 月初,他要求所有人马上行动起来,大刀阔斧地进行了三步调整:第一步,提升库存房源品质;第二步,理清库存,控制收房,全力出房;第三步,服务、职能部门全面行动,全力支持业务和配置团队。

12 月,自如开始了轰轰烈烈的品质提升和库存改善行动。但是出租率仍然没有起色，仍然仅有 82%。整个自如团队在公司内部遭受了很大的压力，当初自如业务的战略定位出问题了吗？现在要把租赁业务交还给集团还是继续扛下去？熊林陷入了矛盾之中……

**附件1　北京市场租赁业务市场份额图**

单位：万套

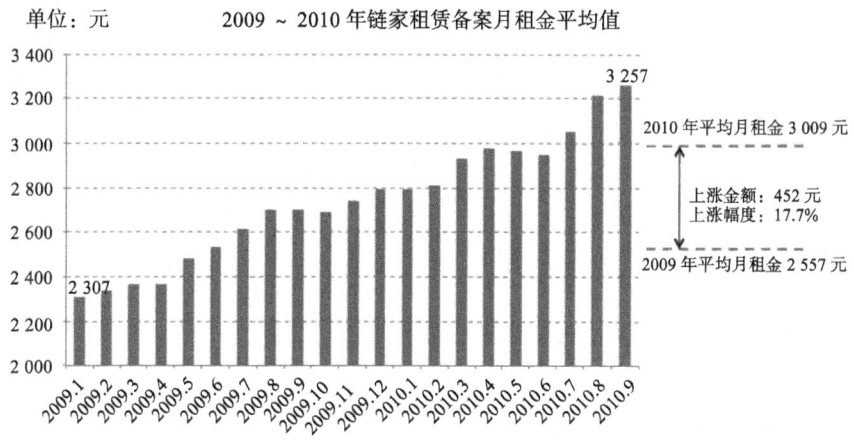

资料来源：根据自如提供的数据绘制。

**附件2　链家地产租赁业务月租金统计图**

单位：元　　2009～2010 年链家租赁备案月租金平均值

资料来源：根据自如提供的数据绘制。

**附件3　北京租赁市场预测数据**

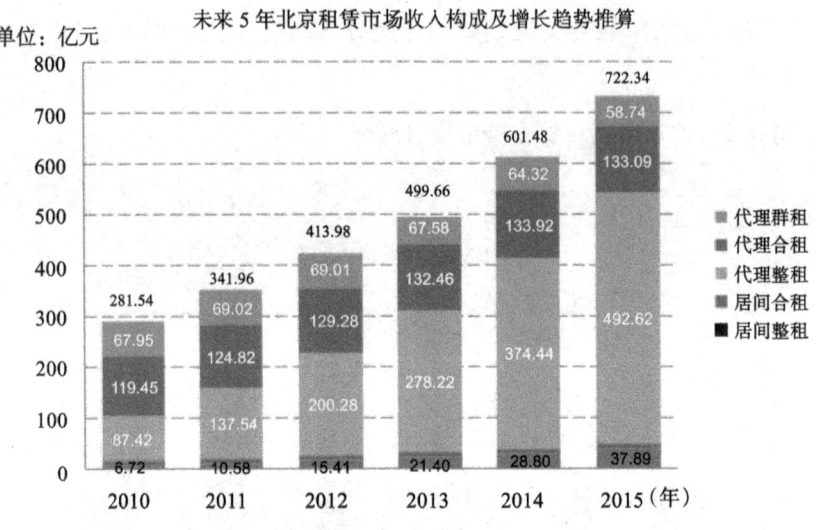

资料来源：根据自如提供的数据绘制。

**附件4　自如运营数据**

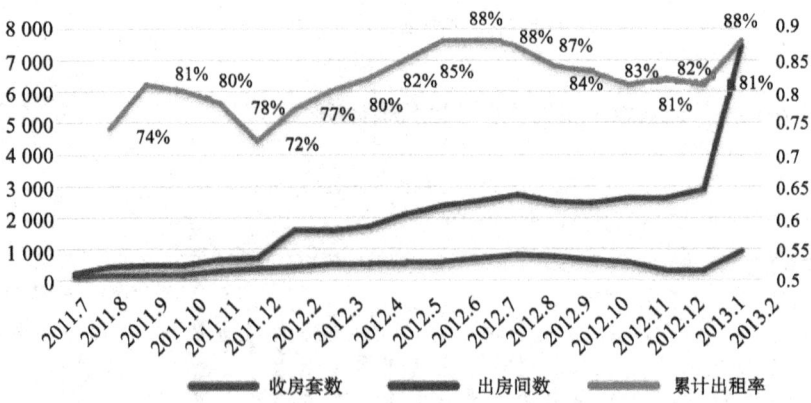

资料来源：根据自如提供的数据绘制。

**请思考**

1. 自如的业务模式和普通租赁居间业务有什么不同？

2. 为什么熊林招管家要"新鲜血液"，而不从链家内部招聘？

3. 链家集团本部为自如的发展提供了哪些帮助？

4. 2012年年底数据的恶化是由哪些因素引起的？如果你是熊林应该怎么办？

# 参考文献

[1] 彼得·德鲁克. 创新与企业家精神 [M]. 北京：机械工业出版社，2007.

[2] 张玉利. 创业管理 [M]. 3版. 北京：机械工业出版社，2013.

[3] 亨利·福特. 福特自传 [M]. 南昌：江西教育出版社，2012.

[4] 比尔·卡波达戈利，林恩·杰克逊. 迪士尼魔法：从童话城堡到娱乐王国的经营之道 [M]. 北京：机械工业出版社，2014.

[5] 麦达利. 比尔·盖茨传 [M]. 成都：四川人民出版社，1995.

[6] 裴德相. 走进三星 [M]. 洪成一，李正秀，黄春华，译. 北京：中国电力出版社，2014.

[7] 莱西. 硅谷合伙人 [M]. 北京：人民邮电出版社，2014.

[8] 查理·埃利斯. 复印梦想：乔·威尔逊和他的施乐传奇 [M]. 郭媛媛，译. 北京：清华大学出版社，2007.

[9] 孙陶然. 创业36条军规 [M]. 北京：中信出版社，2011.

[10] 约翰·贝赞特，乔·蒂德. 创新与创业管理 [M]. 牛芳，池军，田新，等译. 北京：机械工业出版社，2013.

[11] 林桂平，魏炜，朱武祥. 透析赢利模式 [M]. 北京：机械工业出版社，2014.

[12] 林伟贤，魏炜. 慈善的商业模式 [M]. 北京：机械工业出版社，2011.

[13] 伊查克·艾迪思. 企业生命周期 [M]. 北京：中国社会科学出版社，1997.

[14] 陈威如，余卓轩. 平台战略 [M]. 北京：中信出版社，2013.

[15] 杰弗里·蒂蒙斯，小斯蒂芬·斯皮内利. 创业学 [M]. 周伟民，吕长春，译. 北京：人民邮电出版社，2005.

[16] 吴晓波. 激荡三十年：中国企业 1978-2008 [M]. 北京：中信出版社，2014.

[17] 埃里克·莱斯. 精益创业：新创企业的成长思维 [M]. 吴彤，译. 北京：中信出版社，2012.

[18] 唐纳德 F 库拉特科，迈克尔 H 莫里斯，杰弗里 G 科温. 公司创新与创业 [M]. 北京：机械工业出版社，2013.

[19] 菲利普·科特勒. 营销管理 [M]. 卢泰宏，高辉，译. 北京：中国人民大学出版社，2009.

[20] 吉姆·柯林斯，杰里·波拉斯. 基业长青 [M]. 北京：中信出版社，2009.

# 创业管理精选系列

| 课程名称 | 书号 | 书名、作者及出版时间 | 定价 |
| --- | --- | --- | --- |
| 大众图书 | 978-7-111-28126-9 | 步步为营：白手起家之道（康沃尔）（2009年） | 32 |
| 大众图书 | 978-7-111-32409-6 | 创业的九重修炼（《创业家》杂志社）（2010年） | 28 |
| 大众图书 | 978-7-111-28410-9 | 创业营销：创造未来顾客（辛德胡特）（2009年） | 45 |
| 大众图书 | 978-7-111-28465-9 | 技术创业：技术创新者的创业之路（乔治）（2009年） | 38 |
| 大众图书 | 978-7-111-28466-6 | 技术创业：科学家和工程师的创业指南（艾伦）（2009年） | 42 |
| 大众图书 | 978-7-111-31650-3 | 家族创业（霍伊）（2010年） | 48 |
| 大众图书 | 978-7-111-27919-8 | 社会创业：创造社会价值的现代方法（布鲁克斯）（2009年） | 32 |
| 大众图书 | 978-7-111-28291-4 | 新创企业管理：创业者的路线图（库拉特科）（2009年） | 42 |
| 大众图书 | 978-7-111-35023-1 | 蚁象共舞：新创企业与大企业的联盟管理（鲁埃尔）（2011年） | 38 |

# MBA和EMBA系列

| 课程名称 | 书号 | 书名、作者及出版时间 | 定价 |
|---|---|---|---|
| 财务管理（公司理财）案例 | 即将出版 | 公司财务管理案例分析（马忠）（2014年） | 45 |
| 财务管理（公司理财） | 978-7-111-48670-1 | 公司财务管理：理论与案例（第2版）（精品课）（马忠）（2014年） | 59 |
| 战略管理案例 | 978-7-111-36186-2 | 战略管理：竞争与全球化（亚洲案例）（第3版）（辛格）（2011年） | 58 |
| 战略管理 | 978-7-111-44722-1 | 战略管理：竞争与全球化（概念）（第10版）（希特）（2013年） | 49 |
| 运营管理 | 978-7-111-34260-1 | 运营管理（第13版）（蔡斯）（2011年） | 89 |
| 运营管理 | 即将出版 | 运营管理（第14版）（蔡斯）（2014年） | 89 |
| 行动学习 | 978-7-111-48114-0 | 行动学习：理论、实务与案例（高松）（2014年） | 45 |
| 管理研究方法 | 978-7-111-44259-2 | 管理研究（第2版）（席酉民）（2013年） | 45 |
| 管理学 | 978-7-111-41918-1 | 管理学（第7版）（罗宾斯）（2013年） | 69 |
| 管理沟通 | 978-7-111-48351-9 | 管理沟通：理念、方法与技能（张振刚）（2014年） | 39 |
| 工商管理其他专业课 | 978-7-111-48449-3 | 论语的管理精义（张钢）（2014年） | 59 |
| 创业管理 | 978-7-111-37512-8 | 创业管理：企业家的视角（丁栋虹）（2012年） | 58 |
| 数据、模型与决策 | 978-7-111-38280-5 | 数据、模型与决策：管理科学篇（第13版）（安德森）（2012年） | 75 |
| 技术创新管理 | 978-7-111-36731-4 | 创新管理：获取持续竞争优势（宁钟）（2011年） | 68 |
| 工程管理学 | 978-7-111-44928-7 | 工程管理学（孙绍荣）（2013年） | 39 |
| 会计学 | 978-7-111-44187-8 | 会计学：教程与案例（第13版）（财务会计分册）（安东尼）（2013年） | 49 |
| 会计学 | 978-7-111-44335-3 | 会计学：教程与案例（第13版）（管理会计分册）（安东尼）（2013年） | 45 |
| 经贸英语 | 978-7-111-44666-8 | 商务英语阅读（沈素萍）（2013年） | 35 |
| 管理经济学 | 978-7-111-39670-3 | 管理经济学（第12版）（麦圭根）（2012年） | 89 |
| MBA辅导教材 | 978-7-111-47092-2 | 2014年在职攻读工商管理硕士专业学位入学考试综合能力考试大纲及报考指南（2014年） | 25 |
| MBA辅导教材 | 978-7-111-47706-8 | 2015年MBA、MPA、MPAcc入学考试英语辅导教材（2014年） | 65 |
| MBA辅导教材 | 978-7-111-47716-7 | 2015年MBA、MPA、MPAcc入学考试综合能力辅导教材（2014年） | 80 |
| MBA辅导教材 | 978-7-111-35836-7 | 工商管理硕士教学大纲（王方华）（2011年） | 38 |
| MBA辅导教材 | 978-7-111-48596-4 | 专业学位硕士论文写作指南（第2版）（丁斌）（2014年） | 39 |
| 组织行为学 | 978-7-111-40000-4 | 组织行为学：基于战略的方法（第2版）（希特）（2012年） | 59 |
| 组织理论与设计 | 978-7-111-48263-5 | 组织理论与设计（武立东）（2014年） | 39 |
| 人力资源管理 | 978-7-111-26643-3 | 人力资源管理：获取竞争优势的工具（第4版）（克雷曼）（2009年） | 42 |
| 市场营销学（营销管理） | 978-7-111-39589-8 | 营销管理（第2版）（王方华）（2012年） | 39 |
| 管理信息系统 | 978-7-111-32865-0 | 信息时代的管理信息系统（第8版）（哈格）（2011年） | 59 |

# 华章文渊系列

| 课程名称 | 书号 | 书名、作者及出版时间 | 定价 |
|---|---|---|---|
| 财务管理（公司理财） | 即将出版 | 财务管理（刘淑莲）（2015年） | 39 |
| 战略管理 | 978-7-111-32666-3 | 战略管理（第2版）（"十一五"国家级规划教材）（王方华）（2010年） | 38 |
| 运营管理 | 978-7-111-42293-8 | 生产运作管理（第4版）（陈荣秋，马士华）（2013年） | 49 |
| 企业文化 | 978-7-111-44522-7 | 企业文化（第2版）（"十二五"普通高等教育本科国家级规划教材）（陈春花）（2013年） | 35 |
| 管理学 | 978-7-111-37505-0 | 管理学原理（第2版）（陈传明）（2012年） | 36 |
| 管理沟通 | 978-7-111-46992-6 | 管理沟通：成功管理的基石（第3版）（魏江）（2014年） | 39 |
| 创业管理 | 978-7-111-42860-2 | 创业管理（第3版）（基础版）（张玉利）"十二五"普通高等教育本科国家级规划教材）（2013年） | 29 |
| 创业管理 | 978-7-111-42833-6 | 创业管理（第3版）（张玉利）（"十二五"普通高等教育本科国家级规划教材）（2013年） | 39 |
| 会计学 | 978-7-111-46849-3 | 基础会计学（潘爱玲）（2014年） | 35 |
| 统计学 | 978-7-111-31321-2 | 统计学（曾五一）（2010年） | 35 |
| 数量经济学 | 978-7-111-26575-7 | 应用数量经济学（"十一五"国家级规划教材）（张晓峒）（2009年） | 45 |
| 管理经济学 | 978-7-111-39608-6 | 管理经济学（毛蕴诗）（"十二五"普通高等教育本科国家级规划教材）（2012年） | 45 |
| 产业经济学 | 978-7-111-49568-0 | 产业经济学（刘志彪）（2015年） | 39 |
| 组织行为学 | 978-7-111-39625-3 | 组织行为学（第2版）（陈春花）（2012年） | 39 |
| 供应链（物流）管理 | 978-7-111-45453-3 | 供应链管理（第4版）（马士华）（2014年） | 39 |